KB266899

역사 속 여자, ○○하다 4

여자, 생존 전쟁을 치르다

역사 속 여자, ○○하다 4

여자,
생존 전쟁을 치르다

이아리
권혁은
지음

푸른역사

삶이 나의 공부와 직접적으로 맞닿았으면 하고 바랄 때, 그런 이야기를 누군가와 나누고 싶은 갈증을 느낄 때가 있다. 2024년 초, 겨울 언제쯤이 그런 때였다. 마침 비슷한 생각을 품고 있던 몇몇이 만나, 분위기 근사하고 맛 좋은 먹거리가 한아름인 음식점에서 한껏 수다를 떨었다. 평소 안면이 있는 사이도 있었지만, 그날 처음 만난 이들도 있었다. 늘 그렇듯 수다는 중구난방. 그러나 비슷한 결의 고민을 하는 이들끼리 첫 만남의 벽을 허무는 것은 그리 힘들지 않았다. 이 책은 그날의 수다와 각자가 품고 있던 갈증과 고민을 발전시킨 결과물이다.

"여성을 제외한 역사가 가능한가?"라는 모토가 나온 지도

30년이 되어 간다. 그사이 한국사 서술의 현장에서도 여자, 젠더 등이 빠져서는 안 된다는 공감대가 형성되었으며, 관심의 대상과 분야, 시대도 광범위하게 확장되었다. 수많은 자료와 인물의 발굴은 여성사 서술의 폭을 넓혀 주었으며, 여성주의 운동과의 공명은 현실 사회와 긴밀한 연결 고리를 지닌 분야로 자리 잡게 하였다. 그러나 한발 물러나, "여성사가 한국사를 보는 '관점과 방법'으로 제대로 녹아들어 있는가"라는 질문을 던지면 여전히 아쉬운 지점이 없지 않다.

여성사를 연구하는 역사학자들이 봉착하는 가장 큰 장애물은 여성 자신의 기록이 아니라 상류층 남성과 가부장적 국가에 의해 작성된 사료를 통해 접근할 수밖에 없다는 점이다. 한국사의 대부분 기간에 절대다수의 여성이 문맹이었기에 그들이 직접 남긴 기록은 거의 존재하지 않는다. 사료에 구속되기 마련인 역사학자들은 여성의 목소리를 직접 듣지 못한 채, 남성과 가부장적 국가의 발화를 통해 들을 수밖에 없다. 이는 부지불식간에 그들의 관점과 담론 속에서 여성들을 조명하는 위험에 놓이게 한다.

관점의 편향성은 서술의 평면성을 불러온다. 여성을 어떤 제도를 구성하는 하나의 요소로만, 또 정적인 존재로만 기술

할 우려가 있다는 의미다. 간혹 이런 흐름에서 벗어나 활기 있게 서술되는 존재들은 시대와 공간을 초월하는 초인적 여성이거나 저항적 여성이었다. 너저분한 일상과 빡빡한 제도에 속박되어 살아가는 우리에게 그런 여성들은 그저 대단하거나 멀리 있는 존재로 느껴질 수밖에 없다.

이 책은 이러한 한계에 도전하기 위해 여성의 행위 주체성에 초점을 맞추었다. 시대와 공간, 사회구조와 제도에 속박된 여성들이 각자 어떠한 전략을 가지고 어떠한 행위를 했는지, 자기표현의 전략을 어떻게 수립하고 실천했는지를 추적하고자 한 것이다. "○○하다"는 바로 이를 함축한 제목이다.

책에 등장하는 수많은 여성 가운데 한국사라는 거대서사에 기록될 만한 이들은 없다. 개중에는 당대에는 위인으로 추켜세워졌지만 지금은 그저 구조와 이념의 피해자로 여겨지는 여성도 있고, 당대에 악녀로 일컬어졌으며 지금 눈으로 봐도 딱히 아니라고 하기 어려운 여성도 있다. 신분이나 계급적으로 다양한 부류가 등장함은 물론이다. 지금도 그렇듯 과거의 여성들도 이만큼 다양했다는 점, 다양한 시대와 사회적 조건 속에서 그들 모두가 각자의 꿍꿍이를 지니고 자기 나름의 전략을 구사하며 열심히 살았다는 점을 보여 주려는 필자들의 선택이다.

이 책에서는 당시 상황을 재구성한 허구적 서술을 적극적으로 시도하였다. 역사학자의 글은 딱딱하고 무미건조하다는 편견에서 조금이나마 벗어나고 싶기도 했지만, 무엇보다 그녀들의 목소리를 소환하여 좀 더 쉽게 널리 전달하고 싶다는 소망에서 그런 것이다. 다만 허구와 사료의 경계를 분명히 하기 위해 필자들이 각색한 부분은 본문이나 인용문과 다르게 편집했다. 어느 정도까지 허구적 재구성을 허락할 것인지는, 사료에 충실하라는 훈련을 받아 온 필자들에게는 꽤 큰 도전이었음을 고백한다.

흡인력 있는 수많은 여성의 이야기만큼이나 필자들이 그녀들의 목소리를 찾아내기 위해 시도한 방법론을 알아채 주었으면 하는 바람이다. 필자들은 사료의 행간, 사료와 사실의 균열 지점을 섬세하게 추적하고, 이를 통해 상류층 남성과 가부장적 국가의 기록이 담지 않은/못한 여성의 목소리를 드러내고자 했다. 그 과정에서 필자들도 늘 보던 사료에 대해 이전에는 생각지 못한 신선한 관점을 얻거나 새로운 독법을 깨우치기도 했다. 그런 점에서 이 책은 "여자, 역사하다"의 현장이기도 하다.

필자들의 분투도 분투지만, 세련되고 아늑한 맛집과 회의
장소들이 없었다면 이 책을 완성하기 힘들었을 것이다. 바로
그곳에서, 동네 아주머니들이 모여 주전부리와 세상 소식을
나누던 누군가의 안방을 역사의 중요한 현장으로 호출할 영
감과 용기를 얻었다. 멋진 책으로 다듬어 준 도서출판 푸른
역사에 감사드리며, 출간한 책을 가지고 다시 모일 미래의
맛집과 새로운 수다를 기대한다.

필자를 대표하여

장지연 씀

들어가며

인간은 언제부터 노동을 했는가? 아마도 까마득한 옛날, 인간의 기억이 세대를 이어 전승되기 시작한 바로 그 무렵부터일 것이다. 그리스 신화에서 최초의 인간 여성이었던 판도라가 호기심을 못 이겨 금단의 상자를 열었을 때, 이후로도 인간을 영원히 괴롭히게 될 온갖 재앙들과 함께 '노동'이 세상 밖으로 튀어나왔다. 기독교 성경에 따르면 태초의 인간인 아담과 이브가 금단의 열매에 손을 댄 죄로 낙원에서 추방당했을 때, 그들에게는 각각 평생의 노동과 출산의 고통이 형벌로 부과되었다.

그렇다면 여성은 언제부터 노동을 했는가? 누군가는 앞의 질문과 다른 답을 할지 모르나, 정확히 인류가 노동을 시작한 바로 그 시점부터 여성의 노동도 시작되었다. 인류에게 노동의 고통을 가져온 원흉인 양 비난받는 판도라든 이브든, 태초의 그녀들도 모두 노동을 했을 것이다. 다만 여성의 노동이 줄곧 인정받지 못했을 뿐이다.

노동은 어디에서 이루어지는가? 당신의 '일터'는 어디인가? 근대에 와서 집과 일터가 공간적으로 분리되어 있다는 직주분리職住分離의 관념이 생겨나고, 노동은 일터에서의 생산 노동, 특히 급료를 받는 임금 노동만이 중시되기 시작했다. 이러한 변화 속에서 여성들은 임금이 낮거나 아예 없는 노동에 종사하게 되었고, 이에 따라 여성의 노동은 한층 더 무시되고 비하되기 시작하였다. 각자의 생애주기나 가구경제 전략에 따라 집 안팎을 오가며 일을 해야 했던 여성들은 고임금 노동자가 되기 어려웠던 것이다.

그러나 "우리 집은 엄마(또는 할머니)가 먹여 살렸는데"라는 회고는 한국 사회에서 낯설지 않다. 압축적인 근대화와 산업화를 겪었던 한국 사회는 매우 오랜 기간 여성들의 노동에 의존해 생계를 도모하고 살길을 찾아온 역사였다. 제대로 된 보상을 받지 못하면서도 여성들은 스스로와 가족을 부양하기 위해, 혹은 삶의 의미를 찾고 자아실현을 이루기 위해 노동을 했다.

《여자, 생존 전쟁을 치르다》는 여성을 배제해 온 노동 차별의 장벽을 넘나들며 고군분투했던 '일하는 여성들'의 이야기를 흥미진진한 사례들 속에 담았다. 현재와 가장 가까운 근현대의 여성 노동을 다룬다.

이아리의 〈여자, 식모 살다〉는 일제시기 이래 행랑어멈, 오모니, 식모 등으로 불리며 가내 노동을 담당하던 여성들을 불러온다. 그동안 주목받지 못했지만 역사적으로 누구보다 먼저 임금 노동의 시장에 진입한 이는 사실 이 식모들이었다. 가난하고 교육받지 못했으며 허드렛일을 도맡아 했던 그녀들이야말로 자본주의적 전환이라는 변화를 겪고 있던 당대의 중요한 노동자들이었다. 이는 근대적 남녀 성별 분업과 경제적 역할에 대한 우리의 고정관념을 다시 생각하게 한다.

권혁은의 〈여자, 회사 가다〉는 1980년대 여대생의 생애주기 속에서 경험한 사건들을 중심으로, '커리어우먼'이라는 이름을 얻기까지 그녀들이 여성이라는 이유로 겪어야 했던 수많은 애로와 그 극복의 이야기를 펼쳐 보인다. 남성 이상

의 고등교육을 이수하고 노동시장에 진출했음에도 여성들
은 남성이라면 겪지 않았을 수많은 어려움과 장벽을 마주해
야 했다. 오늘날 젊은 여성들의 고민과 가장 직접적으로 맞
닿아 있는 이야기가 될 것이다.

　결국 이것은 낯설지 않은 우리들의 이야기이면서 우리 어
머니들의, 그 어머니의 어머니들의 이야기가 될 것이다.

이아리 씀

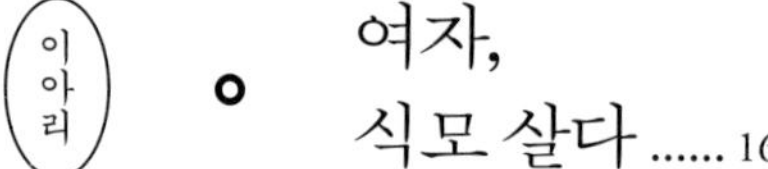

여자,
식모 살다 16

주인 아씨와 행랑어멈이 싸우다
행랑어멈은 진고개로 떠나고
조선 여인의 일본인 집 식모살이, '오모니'
상경하는 식모들과 "식모 전성기"의 이면

여자,
식모 살다

옛날 아파트에는 현관문 가까이에 딸린 자그마한 방이 있었다. 주로 식모가 쓰던 방이었다. 시골 출신으로 가난하여 학교도 가지 못했던 어린 여성들이 그 방에서 기거하며 일을 하곤 했다. 아마 1980년대 이전에 태어난 이들이라면 식모 '언니' 혹은 '누나'를 대면했던 기억, 애처로운 그녀들에 대한 얼마간의 부채감과 미안한 감정을 가지고 있을지도 모르겠다.

이처럼 식모는 한국 사회에서 친숙한 존재였다. 그럼에도 식모라는 존재는 그동안 역사의 장에서 뚜렷하게 드러나지 않았다. 이 장에서는 단역으로 스러져 간 이들 식모들의 삶을 새로이 조명함으로써 무대의 중앙으로 불러내고자 한다. 이를 위해 처음 그들이 우리 사회에 등장하기 시작했던 무렵으로 시간을 거슬러올라가 본다.

식모들이 한국 역사에 처음 등장한 때는 일제 식민지기였다. 당시 많은 한국 여성들이 식모라는 호칭 외에도 '어멈', '안잠자기(안잠재기)', '드난살이', '오모니', '오마니', '가사 사용인', '호내 사용인', '하녀' 등의 다양한 이름으로 불리면서 사실상 식모살이를 하고 있었다. 돈을 벌기 위해 집 밖으로 나서야 했던 여성들 대부분이 다른 이의 집에 들어가서 사는 식모 일에서 출발하였던 것이다.

그런 점에서 이들의 삶을 면밀하게 살펴보는 것만으로도 우리는 근대적 노동, 생계, 경제활동 등에 대한 기존의 선입견들을 상당 부분 깨트릴 수 있다. 곧, 가족을 부양하는 남성 가장에 대한 막연한 환상 이면에 실제로는 여성들의 생계활동이 더욱 중요한 역할을 하고 있었음을, 공장과 같은 집 밖의 공간보다 집 안의 공간이 더욱 치열한 일터로 기능했음을, 기층 민중들이 근대 자본주의화의 흐름에 부단히 적응하며 생존하기 위해 절박하게 노력했음을 목도하게 된다. 식모들의 삶 엿보기는 한국 노동의 역사적 계보에서 그녀들이 가져야 했을 온당한 자리를 돌려주는 첫걸음이 될 것이다.

주인 아씨와
행랑어멈이 싸우다

"행랑어멈 년이 건방지게 주인 아씨를 때리는 것이 무엇이냐?"

1935년 10월 20일, 경성부 인사동 115번지의 한 가정집에서 앙칼진 젊은 여성의 외침이 터져 나와 골목길을 울렸다. 집 마당에서는 화가 잔뜩 난 여자 둘이서 말다툼을 벌이다 급기야는 서로 멱살을 붙들고 힘겨루기를 하기에 이른 참이었다. 요란한 소리를 듣고 몰려든 이웃과 구경꾼들에게 이 싸움 구경이 더욱 흥미진진했던 것은 그녀들이 그 집 주인 아씨와 행랑어멈이었기 때문이다. 아직 20대 중반의 주인집 여자 쪽이 상대보다 열 살은 더 넘게 어렸으나, 싸움이 커져서 주먹다짐이 되자 약이 바싹 오른 건 주인 쪽인 듯했다. 씩씩대던 그녀는 별안간 자신의 먹살을 붙잡고 있던 행랑어멈의 손을 힘껏 깨물어 버렸다. 비명을 지르며 손을 놓친 행랑어멈의 넷째 손가락에서 피가 철철 흘러내렸다.

―《조선일보》1935년 10월 30일 자 〈(석간) 主婦와 어멈이 싸우고 고소질〉 기사로 재구성.

종로경찰서에서 취조한 바에 따르면 이 싸움의 당사자는 25세 이언년과 38세 김씨 성을 가진 여성이었다. 이 사건은 아마도 행랑어멈에 대한 우리의 선입견을 크게 벗어나는 일일 것이다. 아무리 나이가 훨씬 많다 한들, 어떻게 행랑어멈이 주인 아씨에게 대들고 심지어 때리기까지 할 수 있단 말인가? 이 때아닌 난투극은 어떻게 벌어지게 된 것일까?

"경성의 또 하나의 계급, 행랑살이"

예나 지금이나 행랑어멈 같은 이들이 주인공의 자리를 점하는 일은 없다. 많은 소설, 연극, 영화, 드라마 등에서 행랑어멈은 "이리 오너라"를 목청껏 외치는 중요한 인물에게 문을 열어 주거나, 종종걸음치며 주인 아가씨의 뒤를 따르거나, 손님에게 상을 차려 내오거나, 수군수군 뒷소문을 퍼뜨리는 등 기껏해야 비중 적은 조연 혹은 단역의 역할에 머무르는 존재였다. 이는 그들이 역사의 무대에서도 늘 단역의 자리에 있었음을 의미한다. 그러나 이러한 행랑어멈들도 한때 사회의 이목을 끈 적이 있었다.

일제 지배하에 있던 1922년 3월, 당시 조선어 잡지로는 가장 많은 부수를 출판하며 '종합잡지'의 위상을 가지고 있던 《개벽》에는 〈조선인 생활문제의 연구〉라는 제목의 논설이 실렸다. 근래 서울에서 부쩍 늘어난 행랑살이를 논하는 글이었다. 글의 필자인 선우전鮮于全은 경성의 가옥 중 7할에 행랑채가 있고 그중 9할에 행랑살이 식구들이 살고 있다며, 경성에만 행랑살이 인구가 4만~5만 명은 될 것이라고 주장했다. 경성의 인구를 모두 합쳐 봐야 30만이 안 되던 시절이니 엄청난 수였다. 왜 그렇게 행랑살이가 늘어나고 있었던 것일까?

본래 행랑은 한옥을 둘러싼 바깥 건물채로서 하인들이 지내는 공간이었는데, 1922년 무렵에는 사회적 변화로 행랑채의 주인이 바뀌는 추세였다. 1894년 갑오개혁 이후 신분제

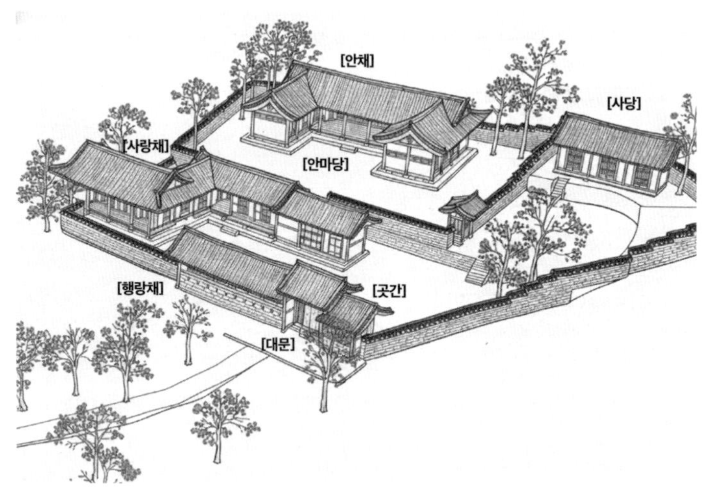

◐ 전통가옥의 행랑채.
행랑은 전통적인 양반 가옥에서 하인들이 거주하던 공간으로
대문을 둘러싼 바깥 건물채를 말한다. 행랑채 중간에는 대체로 대문이 있고
좌우로 여러 개의 방과 마구간, 청지기 방, 헛간, 곳간 등의 공간이 들어선다.
이러한 행랑은 노비의 가옥을 따로 지었던 농촌 양반가보다
서울의 가옥에서 더 두드러졌다.

* 출처: 국가한옥센터 도면 바탕으로 수정 작성(https://www.hanokdb.kr).

◑ 현재 남아 있는 서울 행랑채의 모습.
현재 서울 종로구 계동길 초입인 계동 146번지에 남아 있는
행랑채의 모습이다. 이 행랑채에 1950~1970년대까지는
계산한의원이 있었다고 하며, 지금은 카페, 꽃집, 초콜릿가게,
부동산, 문구점, 떡집, 장난감가게, 액세서리점, 옷가게 등
다양한 상점이 입점해 있는 곳이 되었다.
* 출처: 서울역사아카이브.

도가 법적으로 철폐되고 사회적으로도 차차 해체되어 가면서 행랑채에 살고 있던 노비들 중 상당수가 원래의 주인을 떠났다. 그들을 대신해서 서울 양반집의 행랑채를 채운 이는 지방에서 농사를 짓고 살다가 경제적으로 몰락해서 상경하게 된 농민들이었다. 아무런 연고도 없이 무작정 서울로 상경한 이들은 당장 집세를 낼 형편이 안 되었기 때문에 셋방을 얻을 수 없었다. 그래서 비어 있는 행랑채에 들어가서 주인집 일을 해 주는 방식으로 살게 된 것이다.

가뭄이나 홍수 등의 재해로 큰 흉년이 들었을 때는 특히나 상경하는 인파가 많았다. 전국적으로 큰 가뭄이 들었던 1928년에는 유독 피해가 심했던 황해도와 강원도 지역 소작농들이 일찌감치 농사를 포기하고 서울로 올라왔다고 신문에 보도되기도 했다. 많은 사람들이 "남보다 서둘러야 서울 가서 행랑살이라도 할 수 있다"며 상경해서는 궁핍하고 불쌍한 모습으로 서울역이나 청량리역 주변을 배회하고 다녔다고 한다.

사회가 근대적으로 바뀌고 있던 20세기 초반, 이렇게 행랑살이들은 늘어나고 있었다. 농촌에서는 살아갈 방도가 마땅치 않았던 농민들이 줄지어 상경하여 행랑살이를 살았다.

앞에서 언급한 선우전의 말을 빌리면 이제 "서울에는 행랑살이가 또 하나의 계급이 되었다."

서러운 행랑살이 애환, 기절한 행랑어멈

어찌 됐든 '남보다 서둘렀던' 덕에 행랑채에 들어간 이들에게는 또다시 시련이 찾아왔다. 행랑살이가 무척이나 서럽고 고달팠던 것이다. 쉴 틈 없이 집안일을 하고 밤이고 낮이고 문간을 지켜야 했기에 몸이 고된 것은 당연지사, 일상적으로 하대를 받기까지 했으니 서러움이 이만저만이 아니었다. 하인들 대신 행랑살이 식구들을 부리게 된 주인집에서는 자연스레 행랑살이를 "행랑것"이라 부르며 하인 대하듯 하였고, "마님", "아씨", "서방님"이라 부르라며 상전 대우를 받으려 했다. 행랑살이를 하는 입장에서는 당장이라도 쫓겨날 수 있기에 항의하기가 쉽지 않았다. 박정한 주인집에서는 행랑살이 식구 중 누군가 아파서 몸져누우면 병자를 들이기 싫다고 바로 쫓아내려 하기도 했고, 같은 집에서 비슷한 시기에 아이를 낳으면 재수가 없다고 임신한 행랑어멈을 내쫓기도 했다. 물론 이런 일들은 냉혹하고 각박하다고 세간의 비난을 받았지만 드물지 않게 일어났다.

1920년 5월 21일의 일도 이런 세태의 일환이었다. 사건은 박정숙이라는 여성의 집에서 일어났다. 《매일신보》 1920년 5월 23일 자 기사 〈비인정非人情! 비인정非人情! 냉혹각박冷酷 刻薄한 주인主人〉을 통해 전말을 알아 보자.

박정숙은 홍경자라는 여성과 둘이서 살고 있었다. 그녀들의 쌀쌀맞은 인심은 평소에도 이웃들에게 좋은 평을 듣지 못하는 한편, 과연 남편도 없는 여자 둘이서 무슨 일을 하며 사는가 하고 의심 어린 뒷말까지 수군수군 나오곤 했다.

그 집 행랑에는 박치삼과 고씨 부인 부부가 아이들을 데리고 살고 있었는데, 어린아이 중 하나가 그만 병이 들어 가난한 형편에 약도 쓰지 못하고 있던 참이었다. 그런데 박정숙은 이 사실을 알게 되자마자 "집에서 곧 장을 담을 텐데 그 집 자식이 죽기라도 하면 상서롭지 못하다"고 비정한 소리를 해 가며 행랑살이 식구를 쫓아내려고 했다. 갑자기 병든 아이를 데리고 길에 나앉게 된 박치삼네는 "갈 곳을 급히 찾아보았으나 당장은 들어갈 만한 다른 행랑집이 없다"며 간곡히 사정을 하였지만, 주인집에서는 듣지 않았다. 그리고 문제의 그

날, 행랑살이 식구들이 잠시 외출한 틈을 타서 박정숙 등은
행랑방에 누워 있던 병든 아들과 함께 그 집 세간살이를 모두
대문 밖으로 끄집어 내어 버렸다. 돌아와서 이 광경을 목격한
박치삼네 가족들은 더는 참을 수가 없었다. 결국 박치삼네와
주인집은 사납게 다투기 시작하였고, 그 소동에 이번에는 또
대문 밖에 나와 있던 행랑방네 고추장 단지가 깨지고 말았다.
행랑어멈 고씨는 서러움과 노여움에 차 소리쳤다.

"살림에 제일 중요한 고추장을 못 먹게 되었으니 장값을 물어
내시오!"

그러자 그 변상해 달라는 말에 성이 났던지, 박정숙과 홍경자
두 사람은 행랑어멈을 붙잡고 마구 때렸고, 결국 사람이 기절
하는 지경에 이르렀다. 이미 인산인해를 이루고 있던 구경꾼
들 사이에서 박정숙네를 비난하는 욕설이 터져 나오기 시작한
것은 그때였다. 군중들의 반응에 겁을 먹은 주인집 여성들은
기절한 행랑어멈에게 응급조치를 하기 위해 의사를 부르고
청심환을 먹였다.
그 와중에도 못된 심성을 숨기지 못하고 "냉수만 먹여도 될
것을 일환 이십 전이나 하는 청심환은 왜 사다 먹이냐"고 궁

시렁대다가 사람들의 욕설과 분노를 더 산 것은 그 후의 일이다. 그날 저녁의 난리통에 그 집 안방이고 마루고 건넛방이고 화가 난 사람들이 가득 들이닥쳐 있었다.

사건 이후 고씨와 박치삼네가 병든 아이와 깨진 고추장 단지를 들고 어디로 갔는지는 알 수 없다. 구름같이 몰려들어 욕설을 퍼붓고 비난하던 구경꾼들 중 누군가가 동정 어린 도움의 손길이라도 주었다면 다행이련만.

이제는 행랑어멈도 참지 않는다

이제 1935년 인사동에서 살던 38세 행랑어멈 김씨의 이야기로 다시 돌아가 보자. 어딜 건방지게 대드냐며 펄펄 뛰는 어린 '주인 아씨'와 몸싸움 끝에 손가락을 다치고만 김씨, 그는 지금의 눈으로 봐도 매우 야무진 처신을 했다. 그 즉시 12원가량의 돈을 빌린 뒤, 병원에 가서 전치 2주의 진단서를 끊은 것이다. 그리고 그 진단서를 종로경찰서에 제출하여 상해죄로 주인집 여자를 고소했다. 이 소식을 듣고 다시금 펄쩍 뛰었을 주인집 여자는 똑같이 본인의 상처에 대한 진단서를 끊어 맞고소를 하였다. 이후 사건이 어떻게 처리되었는지는 기록이 남아 있지 않아 알 수 없다. 아마도 쌍방과실로 경찰서에서 적당히 훈계를 듣고 사건이 마무리되지 않았을까.

행랑어멈 김씨는 주인집 여자의 전근대적인 하대에 근대적인 방식으로 대응하며, 대등한 위치에서 부당한 대우에 맞섰다. 마치 15년 전 부당하게 구타당하고 기절까지 한 행랑어멈 고씨의 설움을 대신 설욕이라도 하듯, '사이다' 결말을 보여 주고 있다.

당시 빈발하고 있는 행랑살이와 주인집 간의 갈등, 특히 행랑어멈과 주인 아씨와의 갈등은 바뀌어 가는 사회적 관계를 보여 준다. 신문기자에게 "월세방 얻을 돈 조금만 있었으면 이런 설움을 다 참고 살겠습니까. 돈이 없으니 참는 거지요"라고 토로하기도 했던 행랑어멈들은 이미 주인집과의 관계를 상전과 노비 관계가 아니라 경제적 관계로 생각하고 있었다. 더 나아가 관습적으로 남아 있던 신분제적 차별에 저항하기 시작한 행랑어멈들의 모습은 당대 민중의 근대적 자의식이 성장하고 있음을 보여 준다. 단순히 주인 아씨의 곁을 따르는 단역으로만 여겨졌던 행랑어멈들 또한 그 시대의 주인공이었던 것이다.

행랑어멈은
진고개로 떠나고

"상전벽해를 이루었다는 말이 이것이로구나"

1929년 10월 중순, 《조선일보》 기자 모씨는 서울 남촌의 한 주거지 골목을 찾아갔다. 허 생원처럼 가난한 딸깍발이 선비들이 살았던 남산 아래 남촌은 이제 중앙 관공서와 화려한 상점들이 즐비한 번화가에 일본인들의 밀집 거주지가 되어 있었다. 언제 이렇게 일본인 가옥이 늘었던가, 하긴 비만 오면 길에 발이 푹푹 빠질 정도로 질퍽해진다고 그 이름도 '진고개'였던 곳이 웅장한 미쓰코시 백화점이 들어선 혼마치本町

거리가 되지 않았는가, 홀로 중얼거리던 참이었다.

기자의 눈에 꽤나 수척한 중년 여성의 모습이 들어왔다. 그녀는 치마저고리를 입은 조선인이었으나 일본식 게다를 신고 있었고, 등에는 알록달록한 일본식 문양이 그려진 포대기로 감싼 어린아이를 업은 채 뒤척뒤척 걷고 있었다. 양쪽으로 번갈아 가며 크게 뒤척이는 걸음은 등에 업힌 아이를 재우려는 몸짓 같았다. 그렇게 오늘의 취재 대상을 발견한 기자는 성큼성큼 큰 걸음으로 다가가 최대한 다정한 어투로 말을 붙였다.

“아주머니, 남촌에서 고용살이하십니까? 신문사에서 나왔습니다. 저와 잠깐 얘기 좀 하시지요. 밤낮으로 이렇게 서 계셔도 곤하지 않습니까?”

외양이 말쑥한 신사가 뜻밖에 정중한 태도로 말을 걸어 오자 깜짝 놀란 그녀는 고단함이 보이는 수척한 얼굴에 쑥스럽고도 감격 어린 표정을 지으며 “괜찮아요, 인젠 버릇이 되어서” 하고 답을 하였다. 기자는 수첩을 꺼내 들며 두 번째 질문을 던졌다. “여기 오신 지 오랩니까?” 그러자 여인은 주마등처럼 스쳐 가는 옛일을 회상하는 듯 회한 어린 눈빛으로 잠시 말이 없다가 긴 한숨을 내쉬고 대답한다.

"네, 오랩니다. 지금 있는 집에 온 지는 얼마 안 됩니다마는, 이렇게 일본집 살이를 한 지는 벌써 사 년입니다."

—화자인 기자는 가상의 인물로,《조선일보》1929년 10월 23일 자〈南村을 차저 고용사리하는 이들(一) 쪽지고 게다 신은 "오마니"〉와 1927년 1월 5일 자〈색다른 職業 로만스(4) 일본집에서 애 봐 주는 조선 녀자〉 참조하여 재구성.

여인은 진고개로 오기 전에 서울의 어느 조선인 양반집에서 행랑살이를 했다고 한다. 식구는 인력거를 끄는 남편과 시어머니, 어린아이 셋을 더해서 모두 여섯이었다. 제법 많은 식구를 데리고 행랑살이를 해야 했지만 하루하루 생계를 잇는 데 큰 어려움은 없었는데, 언제부턴가 남편의 벌이가 자꾸 줄어들기 시작하였다. 왜 그런고 물어보았더니 '자동차'라는 것이 많아지면서 인력거 벌이가 자꾸 줄어든다는 것이었다. 그렇게 하루 벌어 하루 먹고 살기도 힘들어지자 곧 굶주리는 날들이 늘어갔다. 이러다 식구가 다 굶어 죽겠다고 생각될 때쯤 어떤 이가 일본인 집에 소개해 줄 테니 일을 해보겠냐고 제안해 왔다. 크게 어려울 것은 없고 조선집 안잠자기 모양으로 밥도 짓고 빨래도 하고 아이도 봐 주고 하면 된다는 이야기였다.

행랑어멈의 모습으로 변장한 여성 기자.
이 사진은 독립운동가이자 민간신문 최초 여기자였던 최은희가
《조선일보》 기자로 활약하던 시절의 사진이다. 최은희는 이때를 1924년 10월 13일 저녁
《조선일보》 주최 변장 탐방 기자로 출동했던 때라고 정확하게 기억하였다.
허름한 옷과 버선을 빌려 신고, 얼굴과 목, 소매에 먹물까지 칠한 채
동네 아기를 업고 나섰다고 한다. 그 꼴로 조선극장에 들어가
어느 기생아씨 옆에 붙어 앉았다가 "치마 구겨져, 저리 가" 하는 핀잔을 들었다.
당시 행랑어멈의 모습이 이와 같았을 것이다.
* 출처:《조선일보》 1960년 1월 18일자 〈變裝한 女記者〉, 네이버 뉴스 라이브러리.

‘안잠자기’란 행랑채에 따로 사는 행랑어멈과 달리 홀몸으로 들어와 주인집 집안일을 해 주는 여성을 일컫는 말이었다. 안채에서 먹고 자며 ‘주인마님’의 말동무를 해 주기도 해서 ‘안잠자기’라 불렸다. 여인은 처음에는 그 제안을 매우 모욕적으로 받아들였다. 일본인 집이라니, 어떻게 남부끄럽게 그런 일을 하나 싶었다. 그러나 며칠을 굶주리고 보니 그보다 더한 일도 마다할 처지가 아님을 곧 받아들이게 되었다.

“배가 고프고 보니 못할 것이 없어요” 하고 나지막이 읊조리는 여인의 눈에는 어느새 눈물이 맺히고 긴 한숨이 다시금 새어 나왔다. 기자는 “물론 그렇지요” 하고 숙인 고개를 끄덕였을 뿐 다른 위로의 말을 찾지 못하였다.

사실 여인의 말대로 남편이 인력거를 끌었다면 군식구 취급을 받기 일쑤인 행랑아범 중에서는 그나마 벌이가 괜찮았을 것이다. 자동차가 눈에 띄게 늘어가기 전에는 말이다. 행랑아범들이 집 안팎으로 환영받지 못한 지는 제법 오래되었다.

● 쇠퇴하는 인력거에 대해 다룬 신문기사.
기사 사진의 위아래로 늘어가는 자동차와 줄어드는
인력거꾼을 대비시켜 보이고 있다.

* 출처:《동아일보》1933년 2월 17일 자〈스피드 行進曲–自動車 등쌀에 人力車 受難〉,
네이버 뉴스 라이브러리.

도시의 부랑자, 행랑아범

행랑아범은 원래 무슨 일을 했을까? 행랑어멈과 짝을 이룬
이름을 가졌지만, 놀랍게도, 그들은 별로 하는 일이 없었다.
행랑살이 식구가 기거하는 주인집에서 집안일은 대부분 행
랑어멈의 몫이었다. 행랑아범은 가끔 물을 길어 오거나 잔심
부름만 하는 정도였다. 노비가 있던 시절이라면 남자 노비인
노奴는 땔나무를 해 오는 일에 가장 바빴을 테지만, 도시에,
특히 서울에 사는 행랑아범은 땔나무도 해 오지 않았다. 서
울 양반가에서는 이미 조선 중기인 17세기 이후부터 땔나무
는 직접 해 오지 않고 나무장수에게서 사고 있었다. 도성 안팎
의 여러 산에서 나무를 함부로 베지 못하게 하는 금산정책이
엄격했기 때문이다. 이 때문에 강원도나 경기도 인근의 산에
서 베어 낸 많은 양의 땔나무들이 나무장수들에 의해 도성
안으로 들어왔다. 19세기 말 한양을 방문했던 영국의 지리학
자이자 여행 작가인 이사벨라 버드 비숍은 "불을 지필 나뭇
단을 산더미같이 등에 실은 황소들이 하루종일 성문으로 들
어왔다"고 기록했다.

　따라서 행랑아범들은 대부분의 시간을 일거리를 찾아 집

밖을 돌아다니며 보냈다. 대개 그날그날의 일을 찾아다니는 날품팔이였고 간혹 인력거꾼, 지게꾼, 생선장사, 고구마장사, 심부름꾼 등으로 일하기도 했다. 일이 없는 행랑아범들은 골목 어귀(병문)에 모여 어울렸다. "병문 친구"가 서로를 부르는 호칭이었다.

이렇게 정해진 업 없이 돌아다니거나 모여 놀던 행랑아범들은 한때 부랑자 취급을 받기도 했다. 일본에 의해 국권을 빼앗긴 지 얼마 지나지 않은 1910년대, 경찰의 대대적인 부랑자 단속에 걸려 구금당한 이들 중에는 대감댁 행랑에 모여 노름을 일삼던 일 없는 행랑아범들도 많았다.

'일을 찾고 싶어도 할 수 없는 이들을 벌하고 잡아 가두는 게 옳은 정치인가? 그네들이 일이 없는 것이 개인의 탓인가? 부랑을 양산하고 있는 것이 행랑인가, 사회인가?'

혼자만의 생각에 골몰하고 있던 기자는 생각이 여기에 이르자 자기도 모르게 절레절레 고개를 저었다. 실업 문제가 심각한 사회 문제로 불거지고 있는 근래에는 그 요란하던 종로경찰서의 '부랑자 취체取締(단속)'이 더는 행해지지 않고 있음을 다시금 상기하면서.

떠나는 행랑어멈, 쫓겨나는 행랑살이

다시 진고개 여인의 이야기로 돌아가자.

그의 말에 따르면, 처음 일본인 집에 왔을 때는 모든 것이 낯설고 더군다나 일본어를 한마디도 못했기 때문에 눈치껏 일을 하는 수밖에 없었다. 그러다가 풍속이 달라 괜한 오해를 사기도 하고, 일본인 주인이 남은 밥을 줄 때는 입맛에 맞지 않아서 구역질까지 했다고 한다. 그러나 이제는 일본어도 잘하고 일에도 익숙해져서 한 달에 십삼 원씩 받고 있다고 하였다. 여기까지 말하던 중 업혀 있던 아이가 갑자기 무엇에 놀라기라도 한 듯 울음을 터뜨려 이야기가 끊어졌다. 기자는 눈물까지 글썽이며 본인의 지난날을 털어놓던 이 불쌍한 여인의 한 달 수입이 생각보다 많은 것에 짐짓 놀라서 "그럼 조선인 집 고용살이보다 낫습니까?" 하고 물었다. 그러자 아이를 토닥이며 달래고 있던 여인이 처음으로 목소리를 높였다.

"물론 낫지요! 첫째로는 돈을 위해 하는 일이니 돈을 많이 주는 것이 낫고, 또 조선인 집처럼 그렇게 하대를 하지는 않습니다!"

그 말에 기자는 1년여 전 북촌 양반가에서 행랑어멈이 귀해지고 있다는 소식을 전한《매일신보》의 기사를 떠올렸다.

원, 요새는 진고개에서 일본 사람이 월급을 잘 주는 통에 행랑어멈이 어찌나 귀한지, 우리 집 행랑것이 반찬값을 떼먹는 눈치인데도 차마 나가라는 말을 못 하겠어.
―《매일신보》1928년 9월 29일 자〈(京城行進曲(7)) 行廊의 革命, 행랑어멈과 딸의 가는 곳 마님과 서방님의 탄식〉.

1928년 9월 29일 자《매일신보》는 세태를 전하는 기사를 위와 같은 양반 마님의 탄식으로 시작했다. 진고개에서 식모로 일하는 조선인 여성이 나날이 늘어나면서 북촌 양반가는 "하인이 없어서 양반 노릇을 못할 지경"에 이르렀다는 것이다.

한편 이 무렵에는 주인집에서 더 이상 행랑살이를 두고 싶어 하지 않으면서 일방적으로 쫓겨나는 사람들도 늘어나고 있었다. 여기에도 진고개로 가고 있는 행랑어멈들만큼이나 경제적인 이유가 작용했다. 서울의 집값이 크게 오르고 있었던 것이다. 집값은 1910년대 후반에 유례없이 폭등한 후 꾸준히 상승하였고 1920년대부터는 서울의 주택난이 매우 심각해졌다. 집주인 입장에서는 행랑살이 식구들을 데리고 있을 게 아니라, 그들을 내보내고 행랑채를 조금 고쳐서 세입자를 들이거나 하숙생을 받는 것이 더 이득인 상황이었다.

그러자 곳곳에서 내보내려는 주인과 나가지 않으려는 행랑살이 사람들 간에 다툼과 실랑이가 벌어졌다. 1924년 11월 말에는 매우 끔찍한 사건까지 일어났다. 한 행랑살이 남성이 자신의 집 안에서 할복을 시도한 채로 발견된 것이다. 사건 며칠 전, 주인에게서 행랑채를 비워 달라는 말을 듣고 막막함과 분함을 이기지 못하다가 술을 잔뜩 마시고 그 같은 짓을 벌였다고 한다. 억지로 쫓겨난 행랑살이들 중 상당수는 서울 변두리 땅에 토막을 짓거나 토굴을 파고 사는 비참한 '토막민'이 되었다. 특히 신당리의 토막민촌은 집주인, 고용주로부터 쫓겨난 이들이 1918년경부터 모여들어 1930년이면 112세대의 303명이 살고 있었다고 한다. 오늘날의 판자촌민이나 철거민에 해당할 토막민들은 1920년대부터 사회문제가 되기 시작했다.

그럼 행랑살이를 내보낸 주인집에서 집안일은 누가 했을까? 주인집은 이 문제를 한 명의 일하는 여성, 곧 앞에서 이야기한 '안잠자기', 식모만 들이는 것으로 해결했다. 이전에도 행랑아범은 집안에서 하는 일이 없었고 행랑어멈이 일을 다 하지 않았는가. 물론 이제는 월급을 주어야 했다. 진고개에 '월급 잘 주는 일본인 가정'이라는 경쟁자들이 있었기 때문이다.

기자가 "이제 조선인 집도 어멈만 찾고 일본인 집도 어멈만 찾는구나, 아범들은 어디로 가야 하나" 하고 탄식하고 있던 그때였다. 기자와 여인이 이야기하고 서 있는 골목 가까운 집의 유리창이 드르륵 열리더니 일본인 여성 하나가 얼굴을 빼꼼히 내밀고 별안간 날카로운 소리를 질렀다.

"오마니! 거기서 무엇 했소까?!"

신세 한탄을 새로 늘어놓을 참이던 여인은 화들짝 놀라 아이를 업은 채로 "에구머니, 어서 가 보아야지" 하며 황급한 걸음으로 달아나 버렸다. 기자는 여인이 떠난 자리에 진한 왜분 냄새가 남은 것이 코에 훅 끼쳐 오는 것을 느끼며 새삼스럽게 불쾌해졌다. 벌써 얼마나 일본물이 들어 있는 것인가. 그래서 취재 노트의 마지막에 "돈 때문에 자기의 처지와 경우를 저버린 그들의 생활의 정도를 다시금 생각지 않을 수 없다. 그들의 교양의 부족. 노예성"이라 끄적여 두었다. 행랑아범에 대해 한껏 발휘된 그의 연민과 관대한 마음이 행랑어멈에 대해서는 얼마간 인색해진 것을 깨닫지 못한 채, 그렇게 그날의 취재를 마무리하였다.

흔히 박제된 구시대의 유물처럼 여겨지는 행랑살이도 사회경제적 변화에 휘말리며 격렬한 역사의 부침을 겪었다. 크게 확산했던 서울의 행랑살이가 주택난의 심화로 인해 쇠퇴된 것도, 행랑아범들이 갈 곳을 잃어 가는 것도, 행랑어멈들이 식모가 되어 가는 것도 모두 근대 자본주의적 변화 속에 있었다. 눈물을 훔치며 진고개의 일본인 집을 찾아가는 행랑어멈의 모습에서 어떻게든 그러한 변화에 적응하여 생계책을 찾아 나서는 여성들의 노력이 엿보인다. 그러나 일제의 식민지배를 받는 상황은 조선 사회가 그러한 절박한 노력에 양가적인 시선을 보내게 만들기도 했다. 진고개의 조선 여인을 가여워하면서도 '왜분 냄새'에 눈살을 찌푸리던《조선일보》의 어느 기자처럼 말이다.

조선 여인의 일본인 집
식모살이, '오모니'

"자, 이쪽으로 줄을 서시오!

처음 오신 분은 여기 접수증을 작성하시오.

求人の方はこちらへ!(구인 쪽은 여기입니다!)"

1928년 7월 하순의 어느 여름날, 항간에 무료 직업소개소로
알려진 경성부 인사상담소 안은 가뜩이나 후덥지근한 실내
공기를 한층 덥힐 만큼 그곳을 찾은 사람들로 빼곡하였다. 특
히 사무실 한쪽 귀퉁이에 십여 명의 조선인 여성들이 줄지어
앉아 얼굴에 맺힌 땀방울을 닦아 내거나 연신 손부채질을 하

고 있었는데, 상담소 안의 북적이는 분위기 속에서도 그 이채로운 모습은 오가는 이들의 이목을 끌었다. 인사상담소를 방문하는 일본인 부인의 경우 예외 없이 발걸음이 그쪽으로 향하였다. 일본인 부인은 조선인 식모를 구하기 위해, 조선인 부인은 일본인 집에서 식모살이를 하기 위해 인사상담소를 찾았다.

비교적 밝은 표정으로 인사상담소에 들어오는 일본인 부인들과는 달리, 나란히 앉아 있는 조선인 부인들의 얼굴은 얼마간 그늘이 진 채 기대와 초조함이 뒤섞인 복잡한 심경을 내보이고 있었다. 조금 전의 한 일본인 부인은 조선인 부인들을 한번 쭉 훑어보더니 사무원에게 다시 가서 "이들 중에는 마음에 맞는 자가 없는데요. 제가 얘기한 조건과 맞는 이가 있으면 다시 연락주세요" 하고 속닥인 후 잰걸음으로 사무소를 나가기도 했다. 일본어를 못 알아듣는 부인들도 본인들이 탐탁지 않게 보였다는 사실을 눈치로 알아차렸고 다들 조금씩은 낙담했다.

그때 눈에 띄게 덩치가 있는 일본인 부인 하나가 이쪽으로 다가왔다. 만면에 웃음을 띤 그녀는 앉아 있던 조선인 부인들의 어깨를 이 사람 저 사람 툭툭 치며 조선어 같지 않은 조선어로 말을 붙이기 시작했다.

"마리 자리 아라있소?(말을 잘 알아듣소?) 이리 자리 하루거시
오?(일을 잘 하는 것이오?)"

그 '오가미상'의 조선어가 엉망진창인 데다가 기세는 유달리
호방하였으므로, 입을 꾹 다물고 있던 조선인 부인들 사이에
실소 섞인 웃음이 와르르 터져 나오고 말았다.
─《동아일보》 1928년 3월 13일~3월 15일 자 〈朝鮮어멈〉
　(1)~(3) 연재기사와《별건곤》 1927년 2월 1일 〈大京城白晝
　暗行記 第2回──時間社會探訪〉을 참조하여 재구성.

진고개의 '오모니'들

일본인들이 모여 살던 진고개에 치마저고리를 입은 조선인
식모들의 모습이 부쩍 늘어나기 시작한 것은 1924~1925년
경이었다. 당시는 조선으로 건너와 사는 일본인들이 갑자기
크게 늘어난 직후였다. 강제병합 이후 1910년대에는 조선에
길게 정착할 목적으로 오는 일본인들이 많지 않았다. 크게
한탕을 하고 떠나려는 야심 찬 상인이거나 조선총독부 관리,

헌병·경찰로 부임해 온 이가 대부분이었다. 그래서 가족을 동반하기보다 남성 혼자 건너오는 경우가 많았다. 말이 통하지 않는 낯선 이민족의 땅에서 단기간 거주하려는 남성들, 그들은 식모를 구한다고 하고는 사실상 현지처처럼 함께 살 일본인 여성들을 원했다. 그래서 가난한 일본인 여성들이 여비를 포함해서 일 년 치 급료를 한꺼번에 선지급받기로 하고 조선으로 건너오곤 하였다.

그러다가 1920년대 초반부터 상황이 변하였다. 식민지배 체제가 어느 정도 안정되었다고 믿으며 영구히 정착할 마음을 먹고 가족을 동반하여 조선으로 건너오는 일본인 이주민 수가 크게 증가하기 시작한 것이다. 당시에 이렇게 조선에 살게 된 일본인들을 '재조일본인在朝日本人'이라고 불렀다. 재조일본인들은 도시 지역에 밀집해서 거주했다. 조선으로의 이민을 장려하는 일본 정부와 조선총독부가 주는 각종 특혜 덕분에 재조일본인들은 대부분 경제적으로 안정되어 있었고, 안락한 생활을 위해 많은 가사노동자를 필요로 하였다.

그러나 전처럼 일본에서 식모를 데려오기는 매우 어려운 상황이었다. 1914~1918년 제1차 세계대전 동안 일본의 경제는 전시 호황을 누렸다. 특히 젊은 여성 공장노동자들을 고용하는 섬유공업이 크게 발달하였다. 이 때문에 일본 본토에서도 식모 일을 할 만한 젊은 여성이 크게 부족해졌다. 도쿄에서는 구인소개소에 부탁을 해도 식모로 일할 젊은 여성을 도저히 구할 수 없게 되자 양로원에 찾아가 일할 할머니를 데려오기까지 했다.

반면 조선의 사정은 달랐다. 재조일본인 가정들은 조선에서는 아직 식모 일을 할 젊은 여성들을 쉽게 구할 수 있고, 조선인들에게는 일본인 식모에게 주는 급료의 6할 정도만 주어도 기꺼이 일하려 한다는 사실을 알게 되었다. 이리하여, 특히 재조일본인들이 많이 모여 살았던 진고개에 치마저고리를 입은 채 발에는 일본식 게다를 신고 딸깍딸깍 소리를 내며 돌아다니는 조선인 여성들이 급격히 늘어가기 시작했다. 재미있게도 이들은 일본인들에게 '어머니'의 일본식 발음인 듯한 "오모니" 혹은 "오마니"라는 호칭으로 불렸다.

일본인 가정에서 일하는 식모들, '오모니'를 바라보는 조선인들은 어떤 기분이었을까.

그렇다, 싫어했다. 특히 조선인 남성들이 싫어했다.

1933년 9월 《동아일보》의 만평에는 '도회가 그리는 만화 풍경'의 하나로 진고개 '오모니'의 모습이 그려져 있다. 치마저고리에 게다를 신은 조선인 여성이 아기를 업고 두 손에 짐을 든 채 일본인 부인을 따르고 있으며, 그 뒤를 또 조선인 여자아이가 종종걸음으로 따라가는 모습이다. 성인 여성뿐 아니라 어린 여자아이들도 일본인 집에서 일했음을 보여 준다. 더 재미있는 것은 만평의 설명이다. 이 모습을 못마땅하게 여기는 조선인 남성의 목소리가 생생하게 들려오는 듯하다.

옛날에는 그 고개가 얼마나 질었던지 그 이름조차 "진

진고개 조선인 '오모니'를 묘사한 신문 만평.
* 출처:《동아일보》 1933년 9월 10일 자 〈(都會가 그리는 漫畵風景) (5) 진고개〉, 네이버 뉴스 라이브러리.

고개.” 지금은 바짝 마른 고개가 되어 게다짝 소리만이 끼걱끼걱하니 끼걱고개라고나 할까? 진고개가 말라 터지든 무슨 관계가 있으랴마는 오직 소위 그네들이 부르는 “오모니”의 나날이 느는 꼴과 쓸데없이 그곳을 거니는 조선의 아낙네들 때문에 이 붓끝에 또 한번 잉크를 적시게 된다.

직업소개소의 취직률을 보면 일본인 촌으로 가는 “오모니”가 제일 많다고 한다. 치마저고리에 게다짝을 끌면서 “옥상奥さん(부인)” 꽁무니를 따라다니는 모양은 우습기도 하려니와 비통한 쇼크를 받고도 남는 것이다.

꼴불견의 하나-, 도회가 그리는 걸작 만화 중의 하나-

—《동아일보》 1933년 9월 10일 자 〈(都會가 그리는 漫畫風景)

(5) 진고개〉)

일본인 집은 돈도 많이 주고,
김장도 없고, 빨래도 쉽고

조선인 남성들이 그러거나 말거나 조선 여성들은 대부분 조선인 집보다 일본인 집으로 일하러 가길 원했다. 인사상담소에 빼곡히 앉아 고용되기를 기다리던 조선인 여성들 중 많은 이들이 "나는 일본인 집이 아니면 아니 가겠다"고 손사래를 쳤다.《동아일보》와 잡지《신동아》,《조광》 등의 기자들이 인터뷰를 위해 질문을 던지자 앞다투어 나선 조선인 '오모니'들의 이야기를 한번 들어보자.

"첫 번째 이유는 역시 돈 문제지요."

"이왕 하대를 받고 일할 것이면 돈을 많이 주는 곳으로 가겠어요."

"일본말을 월급 받아 가며 배우니 이보다 더 좋을 데가 있습니까? 하하."

"일본인 집들은 보통 식구가 그리 많지 않습니다."

"조선인 가정은 장 담그고 김장을 해야 하니 좀 큰일입니까?"

"한복 빨래도 한번 생각해 보세요. 개천에 가서 빨아야 하고 잿물 빨래해야 하고 삶고 두드리고 풀 멕이고 만져서 다듬이질에 다림질까지 해야지요. 아이구 골 빠져서 못하겠소."

“밥 하자면 장작 패야 하고 쌀 일고 물도 져 와야 하잖소.”

“일본사람 집은 수도와 가스가 집 안에 있으니 낮잠 자 가며 부엌일을 할 수가 있어요!”

“조선인 집은 잠자리도 불편하오. 방도 따로 안 주고 어린 애랑 한데 쓰거나 여럿이 한방에서 뒹굴게 하잖소.”

“일본인 집은 그 사람들 말로 ‘여중 전용실’이 있어서 잠자리가 편하지요.”

분명 일본인 집에서 일하면 조선인 집과는 다른 고충이 있었을 것이다. 이 여성들도 그 점을 잘 알고 있었다. 언어와 관습, 음식이 다른 데에서 오는 불편이야 처음부터 각오하는 것이었지만, 겪어 보지 않으면 모를 서러움이 있었다. 우선 일본인 집에서는 일본인 식모와 조선인 식모를 당연하다는 듯 다르게 대우하였다. 임금은 물론이고, 밥을 주는 것도 차별하여 조선인에게만 부엌에서 먹다 남긴 음식을 먹게 하는 집까지 있었다.

굳이 일본인 식모와 견줄 필요도 없었다. 일본인들의 눈에는 조선인들에 대한 편견과 멸시가 기본적으로 깔려 있었다. 조선인 식모들도 이를 모르지 않았다. 조선인 식모를 들일 때면 일을 잘하는지 본다는 명목으로 청소를 시키면서 보이는 곳에 돈을 놓아 두고 훔쳐 가는지 아닌지 시험하려 들었다. 조선인은 다 불결하다고 생각해서 식모가 주인의 옷을 만지면 이가 옮는다고 화를 내거나, 주인집 아이에게 조선식 음식을 만들어 주면 질겁을 하기도 했다.

하지만 이 모든 고충과 차별에도 상대적으로 높은 급료와 간이한 집안일, 소가족, 편리한 설비 등은 조선 여성들의 발길을 일본인 집으로 향하게 할 만큼 매력적인 조건이었다.

그리고 그들 중 조금 더 솔직하고 내밀한 속내를 털어놓는 이들도 있었다. 비교적 행색이 말끔하고 말투에 교양이 있는 부인 하나가 기자에게 이렇게 말한다.

"엊그제까지 나도 행랑어멈을 부리고 안잠자기를 두고 지내던 사람입니다. 아무리 지금 옛날의 재산이 없어졌다 할지라도 말이 같고 풍속이 같은 조선 사람 집에 가는 것은 너무 창피한 일 아닙니까. 진고개 부근에서도 제일 구석진 집이면 좋겠어요."

옆에서 듣고 있던 다른 부인도 맞장구를 쳤다.

"조선인 집에서 '아씨', '서방님' 하면서 존대를 바치기도 싫고, '어멈'이니 '할멈'이니 하대받기도 싫습니다."

잠자코 듣던 기자가 그제야 손뼉을 치며 메모를 하던 손을 바쁘게 움직이기 시작한다.

"그것이로군요! 조선 사람 가정은 너무 고용인을 하대하는 감이 있어요!"

"어멈이라고 부르지 말자, 식모에게도 노는 날을 주자"

진고개의 '오모니'들을 바라보는 못마땅한 시선은 이렇게 애꿎은 조선인 가정을 향하게 되었다. 조선인 가정에서 너무 하대하니까 일본인 가정까지 일하러 가지 않겠느냐는 말이었다. 그리하여 1920년대 중반부터 조선인 언론들은 '남의 집 살이 하는 부인'들을 아껴 주어야 하며, 하대해서는 안 된다는 이야기를 하기 시작하였다.

1930년대 중반 '어멈의 대우를 개선해 주자'는 논의는 더욱 구체적인 주장으로 발전하였다. 당시 여운형이 사장으로 있던 민족지 《조선중앙일보》의 1934년 8월 26일 자 논설 한 편은 "하고 많은 말 중에 '어멈'이라고 부르지 맙시다. 부르는 사람은 교양 없어 보이고, 듣는 사람은 기분이 나쁩니다!"라는 제목을 달고 있었다. 1930년대 초까지도 집안일을 도맡아 해 주는 여성 가사노동자를 '어멈'이라 부르는 경우가 많았는데, 이것이 하인을 하대하여 부르는 호칭이라는 지적이었다. '어멈' 호칭의 대안으로 제시된 말은 다름 아닌 '식모食母'였다. 이후 한국에서 가사노동자를 부르는 말은 점차 '식모'로 자리 잡아 갔다. 이듬해 4월에는 "식모에게도 한 달에 한 번 노는 날을 주자"고 식모의 휴가를 논하는 논설이 다시 한번 《조선중앙일보》 지면을 장식하였다.

조선 여인들의 일본인 집 식모살이는 일제 식민지배의 정치적·경제적 결과물이었다. 조선인 식모들은 언어와 관습이 낯선 일본인 집에서 새로운 고충과 민족 차별을 맞닥뜨려야 했다. 하지만 그것은 전근대적 위계 관계를 벗어나 조금이라도 더 나은 급료와 노동조건을 찾아가려는 당대 여성들의 선택이기도 했다. 1930년대 가사노동자를 존중해 주는 말로서 제시된 '식모'라는 호칭은 반세기가 채 지나기도 전에 한국 사회의 편견에 의해 멸칭으로 전락했다. 그러나 식모가 파출부로, 다시 가사도우미로 바뀌어 가는 동안에도 가사노동자들이 스스로의 노동조건과 지위를 개선하려는 노력은 끊임없이 이어지고 있다.

상경하는 식모들과
'식모 전성기'의 이면

1924년 가을경, 낡은 옷 여기저기가 찢겨지고 행색이 몹시 남루한 부인 하나가 파자교 사거리 단성사 옆 길가에 홀로 앉아 있다. 수없이 지나가는 행인들도 보이지 않는 듯 초점 잃은 두 눈은 힘없이 벌어진 입과 더불어 망연자실한 표정을 지어 내고 있었다. 철물과 잡화를 가득 실은 리어카를 끌고 근처를 지나가던 중년의 남자 하나가 그 부인을 흘낏 곁눈질하고는 걸음을 멈춘다. 자세히 보니 그 여인이 꽤나 젊고, 고생한 흔적이 역력한 속에도 얼굴선이 제법 고운 것이 눈에 들어왔기 때문이었다.

남자는 가만히 리어카를 옆에 세워 놓고 "여기서 뭘 하고 계시느냐"고 조심스레 말을 붙였다. 그러자 화들짝 놀라 돌아본 여인의 두 눈에 이윽고 글썽글썽 눈물이 맺히기 시작했다.

"모르겠습니다, 무엇을 하고 있는지. 갈 데도 없어요. 어쩌다 이렇게 거지꼴이 되었나 그래. 서울 가서 진고개 일본 사람들 집에 '오마니'로 들어가면 혼자 몸이 살 수 있다기에 왔는데, 동네 사람들이 그러기에, 자식들까지 버리고 왔는데……. 내 팔자가……."

여인은 작은 목소리에 울먹울먹 울음이 섞이다가 북받치는 듯 잠시 말을 잇지 못하고 치맛자락으로 얼굴을 감싸며 눈물과 콧물을 닦았다. 남자는 '오마니'라는 말을 재빠르게 알아듣고 짐짓 아는 척까지 해 본다.

"'오마니'라는 게 일본인 집에서 아이 보아 주는 여자 말이지요? 아, 요새는 시골 사람들이 많이 올라오는 통에 그다지 시세가 좋지 않은 것 같더만요."

"'팔만 장안에 억만가구'라고 하더니, 서울은 참말로 정신이 없네요. 전차고 자동차고 피하느라 혼이 났습니다. 물어물어

진고개를 찾아갔더니 참 별세계긴 했어요. 집집마다 유리로 대문간 꾸미고 오색 잡물건을 모다 늘어놓았는데 좁은 길에 왜 그렇게 사람은 많이 다니는지……. 얼이 빠져 걸음을 걸을 수가 있어야지요……. 그래도 집집마다 빠짐없이 들어가서 ‘아이 보아 주는 어멈 아니 두겠느냐’고 물어보았는데, 무정한 일본 부인들이 ‘오마니 안 사’, ‘오마니 안 사’ 하고 등을 떠밀어 사뭇 내쫓습디다. 그렇게 쫓겨나기만 하다가 하루해가 다 저물더군요.”

여인은 한번 말문이 트이자 봇물 터지듯 이야기를 쏟아 내기 시작하였다. 그 옆에서 남자는 연민 가득한 얼굴로 “아이고 저런, 저런” 하고 추임새만 넣으며 잠자코 들어주었다.
유리걸식과 다름없는 생활을 며칠씩 하고 지칠 대로 지쳐 있던 여인은 이제 완전히 경계를 풀고 자신의 모든 이야기를 털어놓고 말았다. 본인은 송일화라는 이름의 올해 스물일곱 살 먹은 청상과부이며 개성군 송도 출생이라는 것까지. 무악재를 넘어 서울에 처음 발을 들여놓았을 때 고향에서 보지 못한 으리으리한 붉은 벽돌 건물을 보고 ‘총독부, 총독부 하더니 그 총독부인가 싶었다’는 이야기까지 했을 때는 시종일관 진지하게 듣고 있던 남자가 처음으로 웃음을 터뜨렸다.

"거기는 서대문 형무소요! 아니, 이렇게 물정 어두운 부인네가 어떻게 홀몸으로 서울까지 올 마음을 먹었단 말이요?"

여인이 민망하고 창피한 듯 고개를 숙이자 남자는 씨익 의미심장한 웃음을 한번 짓고는 걱정스러운 표정으로 더욱 다정하게 말을 건넸다.

"참 고생이 말이 아니었습니다그려. 그래도 이제 살아갈 방도를 찾아야 하지 않겠습니까. 내 좋은 일자리 한번 알아 봐 주겠습니다. 오늘은 해가 저만치 저물었으니까 일단 나하고 같이 갑시다. 아직 요기도 못했지요?"

일화는 잠시 머뭇거렸으나 남자가 여러 번 재촉하는 통에 못 이기는 척 결국 그길로 따라나서고 말았다. 후에 알게 된 그는 철물을 줍는 것으로 근근이 살아가고 있던 독신 남성 김현선이라는 자였다. 그리고 애시당초 본성이 다정하거나 친절한 자는 결코 아니었다.

—《조선일보》 1929년 2월 28일~3월 6일 자 〈鐵窓의 懺悔〉

(1)~(6) 연재 재구성.

서울 가면 식모살이 해서라도 산다더라

근대 들어 여성들이 홀로 도시로, 그중에서도 서울로 이주하는 것은 그리 드물지 않은 일이 되어 갔다. 앞에서 본 송일화의 사례처럼 "서울로 가면 일본인 집 식모살이를 해서 여자 혼자 살 수 있다"는 말을 듣고 상경하는 이들이 많았다. 1928년의 《동아일보》 기사는 경성 인사상담소의 직업소개 상황을 보도하며 일본인 집 식모로 가려는 여성 구직자의 약 8할이 지방 향촌 출신이라고 추정하기도 했다.

이를 뒷받침하듯 1920년대부터 이처럼 식모 일을 하기 위해 상경하는 여성들의 이야기가 신문지면을 장식하기 시작했다. 대체로 거처가 없거나 생계를 잇기 어려운 처지의 여성들이 살던 곳을 떠나 인근 도회지나 서울로 향했다. 남편이 가출을 하거나 일찍 세상을 떴거나, 소박이나 이혼을 당하거나, 시집살이가 너무 고통스러워서 견딜 수 없을 때, 여성들은 마지막 수단으로 식모살이를 위해 길을 떠났다.

간혹 밝혀지면 난감한 사연이 있는 경우에도 도시의 익명성에 기대어 식모 일을 하며 숨어 살 수 있었다. 1934년 3월 신문기사에 따르면, 남편(38세)의 학대를 못 이긴 아내(20세)가

도망쳐 나와 강원도 평강면의 어느 집에 식모로 숨어 살았는데, 가설극장 구경을 나섰다가 그만 전 남편의 눈에 띄는 바람에 쫓고 쫓기는 활극이 벌어지기도 했다. 1935년에는 사생아를 출산한 과부가 아기를 살해하고 고향 춘천을 떠나 서울 안국동에서 식모살이를 하며 숨어 살다가 한 달여 만에 붙잡혀 다시 춘천으로 압송당한 일도 있었다.

일본인 가정이 많았던 서울은 특히 좋은 식모살이 기회가 많은 곳으로 여겨졌다. 1920년대 중·후반부터 진고개 일본인 집에서 돈을 많이 준다는 소문이 지방까지 퍼지자, 시골 여성들에게 일본인 집에서 식모살이를 할 수 있게 소개해 주겠다며 수수료를 이삼십 원씩 뜯어 내는 사기꾼까지 등장했다. 피해자가 40여 명, 피해액은 천 원가량에 달했다.《조선일보》는 1928년 3월 10일 자 기사에서 이 사건을 보도하면서 "아무것도 모르는 향촌 부녀"에게서 "피땀의 결정"인 돈을 뜯은 "세상에 드문 더러운 범죄자"라고 일컬었다. 식모살이를 위한 상경은 보통 경제적으로 극한 상황에 내몰린 여성들이 생존을 위해 선택하는 길이었기 때문이다.

'식모 전성기'와 경성의 취업난

식모살이를 하고자 상경하는 여성들이 늘면서 부쩍 바빠진 곳이 있었다. 앞에서도 살펴보았던 경성부 직업소개소였다. '사회사업'이라는 이름으로 1920년대 초반부터 몇몇 주요 도시에 설립된 공설 인사상담소는 원래도 직업소개 업무 위주로 운영되던 기관이었다. 그러다가 1920년대 중·후반경에는 아예 전문 '직업소개소'로 분리되어 나오기 시작했다. 그중 가장 대표적인 곳이 1928년 10월 하순에 문을 연 경성부 직업소개소였다.

경성부 직업소개소는 1920년대 말부터 사회의 이목이 집중되는 곳이 되었다. 1929년 미국발 경제대공황의 파고가 일본과 조선까지 덮치면서 연이은 농업공황과 불황의 그림자 속에 실업난이 가중되었기 때문이다. 이 무렵 전국 직업소개소의 중개 실적이 행정 통계로 공표되고 그것이 다시 신문지면에 실리기 시작했다. 1930년대부터는 조선에서도 실업조사가 실시되었다.

이때 발군의 취업 성적을 보이며 유독 두드러지는 이들이 있었으니, 바로 식모들이었다. '호내 사용인戶內使用人'이라는 명칭으로 분류되었던 식모들은 1920년대 후반부터 1930년대 내내 직업소개소 중개 실적의 절반 이상을 차지하였다. 채만식의 소설 《레디메이드 인생》에 잘 묘사되었듯, 고학력의 남성 실업자들이 넘쳐나는 당시 상황에서 수요와 공급이 모두 높은 수준으로 유지되는 것은 오직 식모뿐이었다. 이 이채로운 상황에 대해 당시 조선 언론들은 아래와 같이 매우 호들갑스럽게 보도하였다.

◑ 직업소개소 풍경.
1930년대 중반 경성 직업소개소에 몰려든 구직자들의 모습이다.
직업소개소 직원이 그날의 구인처를 발표하기를 기다리고 있다.
* 출처:《동아일보》 1935년 3월 16일 자 〈직업을 얻으려고 모인 사람들〉,
네이버 뉴스 라이브러리.

"어멈(식모) 전성기!"

"남자보다도 여자의 취직이 다수!
서울 안의 현상, 어멈에 대한 수요로!"

"고학력의 지식인들이 직업소개소로 몰려들어도, 글을
읽지 못하는 어멈들이 취직자 수의 구 할을 점령하였다!"

더 나아가 "조선 사람의 사회에서는 부득이 사내는 놀고
여자가 벌이를 해서 한 집안이 살아가는 현상이 나타난다"
는 말까지 등장했다.

농가의 경제적 몰락이 가속화하면서 식모살이를 위해 상경
하는 여성들의 수는 계속해서 증가하고 있었다. 당시 경제학
자의 추계에 따르면 1925~1930년에만 대략 20만 명이 이농
했으며, 1930~1935년 사이에는 대략 30만 명, 1935~1940년
간에는 약 110만 명이 농촌을 떠난 것으로 추정되었다. 이들
중 남성 다수는 해외로 유출되었고 여성들은 서울을 비롯한
도시로 와 식모 수요를 뒷받침하였던 것이다.

1930년 《조선국세조사朝鮮國勢調査》는 상세한 직업 통계를

전국 단위로 확인할 수 있는 최초의 자료이다. 이에 따르면 '가사 사용인'으로 분류된 사람은 전국에 12만 877명이 있었다. 이는 직업을 가지고 있던 976만 5,514명 중 농경 종사자가 75퍼센트를 넘는 상황에서 비농업직 단일 직업으로는 첫손에 꼽힐 만한 규모였다. 10년 뒤인 1940년 국세조사에서 가사 사용인 수는 17만 2,813명으로, 1930년 대비 약 43퍼센트 증가하였다. 이러한 통계는 앞서 언급한 이농 현상이 실제로 도시 내 식모 노동력 공급으로 이어졌음을 보여 주는 것이다.

요컨대 당대 언론이 요란하게 떠들었던 '식모 전성기'는 조선 농가의 대규모 경제적 몰락과 극심해져 가는 실업난이라는 어두운 이면을 배경으로 이루어진 것이었다.

도회의 위험, 여성의 허영?

그런데 당시 이들 상경한 여성을 바라보는 시선은 곱지 않았다. 기본적으로 여성들이 상경하는 동기는 그들의 허영심에 있다고 보았고, '도회'와 '여성'이 연결되면 불온한 것으로 여겼다. 봄기운이 완연해지는 3, 4월이면 신문지면에 "봄바람에 마음이 들떠서", "도회지에 가기만 하면 무엇이든 할

수 있을 줄 알고” 상경하는 여성들을 단속하려는 논설들이
등장하기도 했다.

당시 언론에서 그리는 상경한 시골 여성의 이야기는 “번
화한 도시를 동경하여 홀로 상경해 식모로 일하였다가, 끝내
허영심을 버리지 못하고 도둑질을 하거나 유혹에 빠져 타락
하고 말았다”는 식이었다. 지방에서 기혼 여성이 가출했다고
하면, 그 여성들이 평소에 얼마나 도시를 동경했는지, 얼마
나 허영심이 강했는지를 확인하려 들었으며, 기사 말미에는
꼭 어떤 자의 꾐에 넘어갔는지 모른다는 사족이 붙곤 했다.

여성 잡지의 좌담회에서 식모에 대해 논할 때 주부들에게
“식모가 화장을 하는 것은 어떤가?”와 같은, 식모의 업무와
상관없는 질문을 뜬금없이 던지는 모습도 이러한 시선이 반
영된 것이었다.

사회자　　　“식모가 화장을 하는 것은 어떻습니까?”
참석자 1　“야비하게 하는 건 엄금입니다.”
참석자 2　“깨끗하게 하기만 한다면 그거야 좋죠.”
참석자 3　“화장을 열심히 하는 사람은 딴마음이 있
　　　　　어서 하는 것이니까 탈이 나고야 말아요.”

(일동 폭소한다.)

참석자 3　　“그건 참 백발백중이에요.”

(일동 다시 웃는다.)

—《여성》5 – 1, 1940년 1월, 〈식모를 토론하는 좌담회〉

물론 시골에서 올라와 도시에서 일하기 시작한 여성들의 경우 범죄에 연루되거나 성폭력 및 인신매매의 희생양이 되는 사례가 많았다. 그것은 어디까지나 그들의 사회경제적 지위가 열악하고 그들에 대한 사회적 안전망이 취약하기 때문이었다. 그러나 사회의 편견은 이러한 위험의 원인을 상경한 여성들의 ‘허영심’ 탓으로 돌렸다.

앞에서 등장했던, 김현선이라는 자를 따라나섰던 송일화는 어찌 되었을까. 그녀는 몇 년 후에 대구형무소에 수감되어 자신의 기구한 사연을 눈물로 풀어 놓는 죄수의 처지가 되고 말았다. 자신의 갓 낳은 아기를 어느 나병 환자의 약으로 넘겨주고 말았다는 처절한 죄목이었다.

친절하고 인정 많은 척 송일화를 꾀어 냈던 김현선은 본인의 집으로 데려온 그날 밤 그녀에 대한 욕망을 드러냈다. 결국 송일화는 다른 길을 체념하고 그와 부부처럼 살게 되었다. 김현선은 수레를 끌고 하루종일 돌아다니며 장사를 해도 물건을 팔지 못하는 날이 많아 벌이가 변변찮았다. 푼돈 약간이라도 손에 쥐면 선술집에 들러 술을 사 먹는 데 탕진하기 일쑤였고, 취해서 돌아온 날은 폭력까지 휘둘렀다. 우여곡절 끝에 김현선의 고향인 무안으로, 다시 광주로 떠돌았던 송일화의 곁에는 둘 사이에 낳은 다섯 살짜리 딸 하나와 복중 태아만 남았다. 김현선은 고달픈 모녀를 버려 둔 채 어느 날 어디론가 말도 없이 떠나 도망쳐 버렸다. 어린 딸의 손을 붙잡고 유리걸식하다 어느 집 문 앞에 쓰러져 그 집에서 둘째를 낳았는데, 해산을 도와준 집 주인 여자가 하필 나병 환자였다. 이것은 송일화를 기구한 운명의 종착지로 이끌었다.

그리고 여기, 1933년 7월 11일 저녁 종로파출소에서 비슷하게 눈물겨운 사연을 가진 또 다른 여성이 취조를 받고 있다. 본인을 33살 정차신이라고 밝힌 체구가 가녀린 이 여성은 본래 대구에서 살았다고 했다. 공연히 남의 집 대문간을 기웃거리며 안을 엿보려다가 "몹시 수상쩍은 여자가 있다"고 신고를 당해 체포되어 온 참이었다. 양팔을 붙들리며 그녀가 내지른 말이 "제가 다 잘못했습니다. 아기를 돌려주세요!"였으므로, 그 사연을 들어보기로 한 것이다.

"남편은 올해 정월에 사상운동 사건으로 잡혀 들어가서 대구 형무소에 있습니다. 늙으신 시부모님도 모셔야 하고 어린 것들도 먹여야 하는데 정말로 눈앞이 캄캄했어요. 애들은 열한 살 된 아들, 여덟 살 된 딸, 또 작년 섣달에 낳은 어린 젖먹이 딸애, 그렇게 셋이나 있습니다. 하도 가세가 곤궁해서 살 방도를 못 찾고 있었는데 이웃에 있는 사람들이 "서울로만 가면 남의 집 침모針母나 유모 노릇을 하여서라도 벌어먹고 살 수는 있다" 하더군요. 그래서 한 달 전에 젖먹이만 데리고 서울로 올라왔었지요. 저기 광화문통에 있는 허씨네 집에서 식모살이를 했어요. 애가 딸려 있으니 주인집에서 자꾸 눈치를 주고 일하기가 곤란해서……."

여인은 말을 마치지 못하고 다시 눈물을 지었다. 젖먹이 아기를 데리고 식모살이하기가 너무나 버거웠던 그녀는 생각다 못하여 남의 집 문 앞에 아기를 두고 와야겠다고 맘먹게 된 것이었다. 얼마 전 주인집에 찾아온 장석숭이라는 여자가 본인은 서린동에서 기생집을 하는데 여자아이를 하나 기르고 싶다고 했던 것이 생각났다. 자신도 대구 출신이니 혹시 곤란한 일이 생기면 찾아오라며 주소까지 알려 주고 간 것이 아무래도 그냥 한 말이 아닌 듯했다.

7월 9일 밤 9시경, 정차신은 헌 포대기로 꼭꼭 싼 아기를 장씨네 집 대문 앞에 가만히 내려두었다. 그리고 뒤도 돌아보지 않고 도망쳤다. 포대기 안에는 아기가 작년 섣달 스무여드레 날 아침 8시에 태어났다고 정성스레 쓴 쪽지를 끼워 둔 채였다. 그러나 딱하게도 그녀는 그 후 이틀 밤낮을 후회로 잠도 이루지 못했다. 어디선가 계속 환청처럼 아기 울음소리가 들렸다. 눈을 감으면 아기 얼굴이 어른거렸다. 결국 아기를 다시 데려와야겠다고 울며불며 뛰쳐나가 장씨네 집 주변을 배회하다가 그만 체포되고 만 것이었다.

사연을 알게 된 종로파출소에서 사람을 보내 아기를 데려왔더니, 정차신은 되찾은 아기를 와락 끌어안고 한없이 울었다고 한다.

―《조선일보》 1933년 7월 12일 자 〈모성애의 斷腸曲〉 기사로 재구성.

20세기 전반 식모로 살기 위해 상경하는 여성들의 눈물겨운 사연들은 그들을 향해 있던 사회의 편견과 비난을 무색하

남편이 수감된 후 일본인 집 식모가 된 여인(공진형 그림).
채만식의 단편소설 〈치숙〉이 신문에 연재될 당시의 삽화이다.
소설 속 화자의 친척 아저씨는 사회주의 운동으로 징역을 살았고,
그사이 아주머니는 서울로 올라와 "구라다 상"이라는 일본인 집에서 식모로
일하며 생계를 이어 갔다. 사상범으로 수감된 남편을 뒤로하고 생계를 위해
상경해 식모살이를 했던 정차신의 이야기와 겹치는 장면이다.

* 출처:《동아일보》1938년 3월 7일 자 〈週間短篇(三) 痴叔(1)〉, 네이버 뉴스 라이브러리.

게 만든다. 물론 당시 도회지는 공창제 등을 통해 제도화된 성매매 시장이 구축되고, 이른바 접객업이 팽창하던 상황이라 여성들이 인신매매나 성폭력의 위험에 많이 노출되어 있는 것도 사실이었다. 하지만 사회의 비난은 부당할 정도로 여성들 개인을 향해 있었다. 여성의 단신 이주는 남성의 이주보다 더욱 공격받았으며, 상경하는 여성들은 정숙하지 못한 기질, 허영심과 관련지어 이야기되곤 했다.

그러나 위에서 살펴보았듯 여성의 단신 이주도 남성의 이주와 마찬가지로 경제적 동기가 가장 핵심적인 요인이었다. 오히려 남성의 상황보다 더욱 막막하고 절박한 생계 문제인 경우가 많았다. 생계 대책을 찾기 위해 단신 이주를 감행했던 여성들의 절박한 노력이 '식모 전성기'를, 그리고 '남자는 쉬고 여자가 벌이를 하여 한 집안이 먹고 사는 조선인 가정의 형세'를 이끌었던 것이다.

해방 이후에도 한동안 이런 현실은 달라지지 않았다. 근현대 한국 사회에서 가족을 먹여 살리는 일은 사실상 여성들의 주변적 노동과 경제활동에 크게 의존해 왔다. 그러나 이들의 경제적 기여는 사회적으로 제대로 인정받지 못했다. '일하는 여성'에 대한 한국 사회의 인식이 여성이 남성보다 뒤늦게 노동 시장에 진출했다는 편향된 서사로 굳어져 버렸기 때문이다.

그럼에도 어느 가정에나 '고생한 어머니', '고생한 누나'에 대한 기억과 빚이 있다. 생존과 부양과 돌봄을 위한 그녀들의 분투는 사회경제 구조가 크게 변화하는 근대 전환기부터 오늘날에 이르기까지 한국 사회의 경제를 지탱하는 힘이 되었다.

해방 이후 현대사의 식모

일제시기 '식모 전성기'는 극단적인 노동력 동원이 이루어
지던 전시 체제 말기에 일시적으로 억압되었으나 해방 직
후 다시 부활하였다. 1949년 이미 '가사 사용인'으로 조사
된 인원은 8만 5,849명에 달했다. 한국전쟁 이후 생계를 위
한 여성의 경제활동은 더욱 확대되었고, '식모'는 1950년
대에도 여성들이 가장 쉽게 선택할 수 있는 직업 중 하나였
다. 오늘날 한국 사회가 기억하는 '식모 전성기'는 주로
1960~1970년대에 형성되었다.

1960년대는 농촌에서 도시로 인구가 빠르게 이동하며
도시화와 산업화가 본격적으로 전개되던 시기였다. 농촌
인구는 1960년대 중반 이후 지속적으로 감소해 매년 약 50
만~70만 명이 도시로 유출된 것으로 추정된다. 반면 서울
의 인구는 1960년 260만 421명에서 1966년 380만 5,261

명, 1970년에는 553만 6,377명으로 급증했다. 이 시기 서울로 이동한 여성 단독 이주자의 절반 이상이 15~19세 소녀였고, 연고가 없는 도시에서 처음 선택할 수 있는 일은 대개 식모 일이었다.

인구센서스에 따르면 가사 서비스업 종사자는 1965년 12만 3,590명, 1975년 16만 3,624명으로 집계된다. 그러나 당시 신문 보도에 따르면 1966년 서울에서는 10가구 중 2.2가구가 식모를 고용하고 있었고, 1973년에도 서울의 약 120만 가구 중 24만 6,000가구가 가정부를 두고 있는 것으로 추산되었다. 이는 실제 식모(가정부)의 수가 인구센서스에 포착된 것보다 훨씬 많았음을 시사한다. 1965년 여성 잡지는 "밥만 굶지 않고 사는 서울의 집이라면 모두 식모를 두는 것으로 알고 있다"며, 서울의 중류 이상 가정에서 식모를 고용하는 것을 일반적인 양상으로 묘사했다.

그러나 산업화가 급속히 진전되면서 고용 구조가 변화하였고, '식모'로 불리던 가사 노동자의 수는 점차 감소하기 시작했다. 1960년대 후반 제조업의 성장과 젊은 여성 노동력의 공장 유입이 본격화되면서 이미 '식모 부족' 현상이 나타났으며, 1970년대 중·후반에는 그 정도가 더욱 심해졌다. 이러한 식모 인력난은 가사 서비스 노동의 형태에도 변화를 가져와, 1970년대 중반까지 주로 주인집에 입주해 일하던 식모들이 1970년대 말부터는 시간제 파출부로 대체되기 시작하였다. 또 1960~1970년대 식모(가정부)가 대부분 농촌 출신의 20세 이하 젊은 여성들이었던 것과 달리, 1980년대 이후 파출부는 도시 주변 거주 40~50대 기혼 여성이 주류를 이루게 되었다.

2002년 말부터는 '취업관리제'가 시행되면서 '조선족'으로 불리는 중국동포 등 해외동포에 한해 가사 서비스업 취업이 허용되었고, 이 시점부터 일부 가사 노동은 해외 이주노동자에 의해 수행되기 시작했다. 최근에는 플랫폼 기반 서비스를 통해 가사 서비스업의 형태가 다시 변화하고 있다. 2022년 6월 시행된 '가사근로자법'은 그동안 노동법의 사각지대에 있던 가사 노동자에게도 최저임금, 퇴직금, 연차수당, 사회보험 등 기본적인 노동권을 보장하는 계기가 되었다. 그러한 와중에 2023년부터 필리핀 등 외국인 가사 도우미를 고용하고 최저임금 적용 대상에서 제외하자는 정치권의 제안이 나오면서, "인권침해이자 인종차별이며, 가사근로자법의 취지를 훼손한다"는 비판이 제기되기도 했다.

가사 노동자를 둘러싼 한국 사회의 논의는 여전히 현재진행형이다.

참고문헌

- 《동아일보》,《매일신보》,《조선일보》,《조선중앙일보》 등.
- 《개벽》,《신가정》,《신여성》,《여성》,《조광》 등.
- 이아리, 〈20세기 초 행랑살이의 확산과 쇠퇴의 맥락〉,《역사민속학》65, 2023. 12.
- ______, 〈1920~1930년대 남의집살이 여성들의 처우와 인권 문제—'어멈'과 '오모니'에서 '식모'로〉,《한국근현대사연구》108, 2024. 3.
- ______, 〈근대 가사서비스 노동과 여성 이주—일제하 경성의 일본인 및 조선인 가사 노동자를 중심으로〉,《한국민족문제연구》46, 2024. 6.

여자,
회사 가다

권혁은

여자,
회사 가다

2023년 노벨 경제학상을 받은 클라우디아 골든은 《커리어 그리고 가정》에서 지금 미국의 여성들이 남성보다 더 적은 임금을 받는 이유에 대해 가정에 늘 '대기 상태'로 있어야 하기 때문이라고 설명한다. 아이가 아프면 병원에 데려가고 학교나 예체능 활동에 데려다주고, 식재료를 사다 놓고, 공과금을 처리하는 일과 같은 가정의 대소사를 주로 여성들이 처리하기 때문에, 시간을 많이 투자하고 경쟁적인 대신 높은 임금을 받는 일자리를 '선택'하지 못한다는 것이다.

한국 역시 비슷하다. 직장에 있을 때 어린이집이나 학교에서 아이가 아프다며 걸려 오는 전화가 제일 무섭다는 엄마들의 이야기는 어디서나 찾아볼 수 있다. 아이가 한번 독감 같은 전염병에 걸리면 연차를 모두 끌어다 쓰고, 부모님 도움을 받고, 그래도 한계에 부딪히면 결국 퇴사를 선택한다는 이야

중견 여자 탤런트들이 TV드라마에서 미시족(Missy:아가씨 같은 주부라는 뜻의 신조어, 혹은 20대 후반에서 30대까지의 여성중 사회적으로 성공해 당당하게 살아가는 여성의 통칭)으로 앞다퉈 등장, 새로운 여성상을 제시하고 있다.

드라마 속에서 미시족으로 분류되는 탤런트들은 KBS 2TV「남자는 외로워」의 양금석과「그대 있음에」의 박순애를 비롯해 SBS TV 일요아침

「미시族」내가 적임,

성취욕 강한 커리어우먼으로 맹활약

드라마「질주」의 권기선 등이다. 4월 중순부터 시작하는 SBS TV「박봉숙 변호사」의 고두심과「도깨비가 간다」의 이미숙, MBC TV「종합병원」의 이휘향도 미시족의 전형을 보여준다.

이들 여성은 한결같이 선망받는 직업을 가진 커리어우먼.

「남자는 외로워」의 연극배우 출신 탤런트 양금석과「도깨비가 간다」의 이미숙은 방송국 책임 프로듀서, 두 여자 모두 성취욕이 강한 현실주의자이며 남성 중심의 직장에서 탁월한 능력을 인정받는 실력자다.

다만 양금석은 경제적으로 무능한 마마 보이 남편과 살고 있고 이미숙은 지성과 미모를 갖추고 있지만 결혼은 안중에도 없는 독신녀로 등장한다. 또「그대 있음에」의 박순애와「질주」의 권기선은 각각 백화점 디스플레이어와 광고회사의 팀장으로 출연하고 있다.

박순애는 약혼자와 사별한 뒤 일곱살짜리 딸을 숨겨 놓은 미혼모, 권기선은 20대 후반의 나이에도 불구하고 굵직굵직한 프로젝트를 도맡아 처리하는 커리어우먼이다.

「박봉숙 변호사」에서 주인공 박봉숙역을 맡은 고두심은 변호사 생활 8년째의 베테랑 변호사,「종합병원」에서 이휘향은 영민하고 논리적이며 사

"화려한 모습만 부각 현실감 없어.

교성까지 갖춘 내과 의사로 출연한다. 그러나 서른이 넘도록 독신을 고집하고 있어 주변 의사들의 애를 태운다.

결국 요즘 드라마에는 집안 일을 돌보며 자녀를 키우는 전통적인 여성상은 거의 찾아볼 수 없는 실정이다. 이처럼 드라마에서 전문직 여성들의 등장이 부쩍 늘어난 것은 여성들의 사회 진출이 활발해진 결과로 풀이되고 있다.

그러나 드라마 주시청층인 주부들의 사회 활동에 대한 열망이 높아지자 시청률에 민감할 수밖에 없는 드라마들이 미시족 여성을 지나치게 양산하고 있다는 비판도 제기되고 있다.

미시족으로 분류되는 여성들도 드라마 속의 직업 묘사가 현실감 없이 지나치게 화려한 모습으로 그려져 자칫 여성의 사회 활동을 왜곡시킬 우려가 있다고 지적하고 있다.

〈吳光洙기자〉

* 시청료합산 반대. 61%

○…KBS의 시청료·전기료 합산 징수 방침에 시청자들이 반발하고 있는 것으로 나타났다.

이같은 사실은 통합 공과금 전산 처리를 맡고 있는 한국정보시스템과 한국전산이 한국갤럽조사에 의뢰, 통합 공과금이 실시되고 있는 전국 47개시 1천5백명을 대상으로 실시한 전화면접 조사결과 밝혀졌다.

1990년대부터 드라마에서도 커리어우먼을 선망의 대상으로 그려 내기 시작했다. 사진은 새롭게 커리어우먼 미시족 역할을 맡은 여배우들에 대한 소개 기사.〈미시족 내가 적임, 성취욕 강한 커리어우먼으로 맹활약〉,
* 출처:《경향신문》1994년 4월 10일 자, 네이버 뉴스 라이브러리.

기는 K-pop 유행가보다 더 자주 들려온다. 오늘날 한국 여성들에게 경력 단절, 일-가정 양립 같은 문제가 중요하게 다가오는 것은 이런 이유 때문이다. 끝모르게 높아지는 '저출생'의 배경에 이 같은 현실이 있다는 사실을 모르는 이는 거의 없다.

한국에서 여성들에게 커리어 추구 자체가 문제가 된 건 20~30년 남짓일 뿐이다. 각종 미디어가 '커리어우먼'을 선망의 대상으로 그려 낸 시기가 언제일까. 1990년대 이후다. 이는 여성들이 본격적으로 회사생활을 하기 시작한 지 한 세대도 채 지나지 않았음을 알려 준다.

그렇다면 처음으로 회사에 간 앞세대 여성들의 직장생활은 어떤 모습이었을까. 무엇이든 처음 길을 여는 것은 어려운

법이다. 회사에 다니지 않은 많은 여성은 어떤 이유로 사회에 진출하지 않은 것일까. 오늘날 커리어 추구와 일-가정 양립이라는 여성들의 고민은 어떤 토양 위에 자라난 것일까.

이 글은 1990년대 여성들이 본격적으로 회사생활을 하기 시작한 뒤 겪었던 난관, 그 난관을 뚫어 낸 투쟁과 연대에 대한 이야기이다. 또한 그 여성들의 투쟁과 연대가 그 전 세대의 어떤 어려움과 노력 속에 자라났는지에 대한 이야기이다. 이 글의 주인공은 실제 사례를 바탕으로 만들어 낸 가상의 인물이거나 실존 인물들이다. 가상의 인물일지라도 이 글에 서술된 내용은 모두 자료에 바탕한다. 이들의 이야기를 통해 지난날 한국에서 커리어를 추구하고자 했던 여성들의 지난한 싸움과 빛나는 성취를 살펴보고자 한다.

1990년대, 직장 내 성희롱이
처음으로 세상에 알려지다

1993년 8월, 서울대 중앙도서관 통로는 늘 대자보들로 가득했다. 민족, 민주, 투쟁. 대부분이 그런 내용이었다. 그녀는 떨리는 손으로 그것들을 헤집고 손으로 직접 쓴 대자보를 들어올렸다.

'한 교수의, 직위를 이용한 성희롱을 밝힙니다.'

교수와 성희롱이라는 단어는 도서관 통로의 그 어떤 문구보다 충격적인 조합이었다. 거기에 있어서는 안 될 것 같은, 처음 접하는 내용의 대자보였다. 서둘러 마지막 테이프를 붙였을 때 뒤에서 OO과 대학원생 몇 명이 웅성거리는 소리가 들렸다. 그들은 그녀를 향해 다가오더니, 막 붙인 대자보를 거칠게 찢어 버리려 했다.

"지금 뭐하는 거예요!"

"당신이야말로 뭐하는 거야!"

누군가 격앙된 목소리로 말했다. 그녀는 그들의 얼굴을 바라보았다. 그녀가 1년간 실험실에서 마주쳤던, 다 아는 얼굴이었다. 그녀는 치밀어오르는 분노를 간신히 삼키며 찢어진 종이를 다시 붙였다. 학생들이 모여들었다. 곧 더 많은 학생이 발 디딜 틈 없이 모여 대자보를 읽기 시작했다. 마치 폭탄 하나가 떨어진 듯했다. '서울대 A교수 사건'이 세상에 알려진 순간이었다.

1년간 실험실에서 있었던 일

사건은 1992년 5월 말부터 시작되었다. 그녀는 서울 소재 사립대를 갓 졸업한 사회 초년생으로, 서울대 OO과 실험실에서 조교를 채용한다는 소식을 듣고 지원했다. A교수는 3명의 지원자 중 그녀를 선택했다. 그녀가 맡은 업무는 실험실 기기의 관리와 운영. 당연히 초기에 A교수로부터 기기에 대한 연수를 받아야 했다. 긴장되는 마음으로 첫 출근을 시작한 그녀는 최선을 다하려 했다. 그런데 뭔가 이상했다.

연수 중 A교수는 은근히 그녀의 팔을 잡거나 등을 어루만지듯 쓰다듬곤 했다. 교육 내용과는 아무 상관이 없었다. 어느 날은 기기에 대해 알려 준다며 컴퓨터 앞에 앉아 있는 그녀를 뒤에서 포옹하는 것 같은 자세를 취했다. 당황스럽고,

1998년 5월 서울대 중앙도서관에 붙은 대자보를 찍은 사진. 그때 그 시절 서울대 중앙도서관 통로는 늘 각종 대자보로 가득했다. 그럼에도 A교수 사건을 폭로한 대자보는 이례적인 충격을 안겨 주었다.

불쾌했다. 수치심이 이루 말할 수 없었다. 하지만 애써 잡은 첫 직장을 바로 그만둘 수는 없었다.

문제는 계속되었다. 실험실에 들어온 그녀는 이미 다른 학생들과 입방식을 가진 상태였다. 하지만 A교수는 '단둘만의' 입방식을 제안했다. "날씨가 좀 서늘해지면 실험실 사람들 모르게 단둘이 넥타이 매고 가는 곳에서 입방식을 하는 게 어때?" A교수의 말을 듣는 순간 그녀는 당혹감에 몸을 떨었다. 교수라는 사람의 언행이 과연 맞는 걸까. 뿌듯한 마음으로 출근한 직장을 어떻게 다녀야 할까. 내가 예민한 것은 아닐까. 불쾌감과 미심쩍음으로 하루하루를 보내던 어느 날, 그녀를 찾아온 전임자를 만나게 되었다. 놀랍게도 전임자는 자신도 그녀가 당했던 일과 똑같은 일을 당했다면서 다음에 어떤 일이 있을지를 말해 주었다.

"교수님은 자꾸 개인적인 일에도 동행을 하자고 했어요. 어느 날은 청바지와 운동화를 기기실 내에 갖다 놓고 매일 산책을 하자는 거예요. 제가 너무 당황해서 청바지를 갈아입을 데도 마땅치 않다고 하니까 본인 연구실에서 갈아입으라고 하시더군요. 제일 불쾌했던 일은 남한산성에 갔을 때의 일이었어요. 1991년 11월 말쯤이었나, 눈이 무척 많이 오던 날이었는데 근무시간 중에 갑자기 남한산성을 가자고 강요를 해서 어쩔 수 없이 따라나섰어요. 정상에 도착해서는 글쎄 '우리 사이에도 사랑이 가능하지 않니?'라고 하더군요. 그날 억지로 저녁까지 먹게 되었어요. 산 위에서 어떻게 거절을 했겠어요."

"어떻게 그런 일이⋯⋯."

"심지어 몇 주 뒤에는 저에게 이틀간 휴가를 같이 가자고 하셨어요. 제가 사모님과 같이 가시는 게 어떠냐고 반문했더니 '무슨 재미로 부인과 휴가를 가냐'고 불쾌하다는 듯 말씀하시더군요. 좀 더 거절 의사를 분명히 밝혀야겠다고 마음먹고 휴가 전날 선물까지 건네면서 휴가 잘 다녀오시라고 단호하게 말씀드렸어요. 그다음부터는 완전히 저를 대하는 태도가 달라지더군요. 이후에 일부러 제 업무를 방해하시더니 어느 날은 자격 없고 업무에 무관심하니 더 이상 나오지 않아도 된다고 하시더군요. 제가 그만둔 건 그 때문이었어요. 그러니

꼭 조심하세요. 제가 찾아왔다는 이야기는 아무에게도 하지 마시고요.”

　전임자의 말을 들은 뒤 그녀의 미심쩍음은 확신으로 변했다. 아니나 다를까, 한 달쯤 뒤 A교수는 그녀에게도 똑같이 매일 산책을 제안하며 청바지와 운동화를 자신의 연구실에서 갈아입으라고 종용했다. 올 것이 온 것이다. 전임자의 충고를 들은 그녀는 단호히 산책을 거절했다. 그리고 업무로 빌미를 주지 않기 위해 더욱 철저히 기기를 관리하고 의뢰된 시료의 측정량이 많아도 다 처리하려고 했다.

　산책을 거절당한 A교수는 역시나 180도 태도를 바꾸었다. 그녀에게는 의뢰된 시료만큼을 측정하지 못하게 한 뒤, 동료 교수와 대학원생들에게는 그녀 때문에 지연이 되었다고 이야기했다. 하루하루 불편한 마음으로 출근하던 중, A교수가 또 어떤 여자 대학원생에게 접근하여 남한산성과 독립기념관을 데리고 다녔다는 이야기가 나돌았다. 그래도 그녀는 빈틈없이 업무를 처리하고 있으니 별일 없을 거라 스스로 다독였다. A교수가 그녀에게 관심을 끊었으니 차라리 잘된 일인지도 모른다면서.

성희롱 거절의 대가, 해고 통보

1993년 6월 25일이었다. A교수가 갑자기 5일 뒤인 7월 1일부터 출근하지 말라고 통보하는 것이 아닌가. 벌써 후임 조교까지 구해 놓았다는 것이다. 당연히 후임 조교도 여성이었다. 그녀도 모르는 사이에 학과 회의에서 조교 교체를 결정하고, 새 조교 임용 절차까지 마무리했다는 기가 막힌 이야기였다. 그것도 또다시 여자로. 매번 같은 수법이었다!

분명 처음 그녀가 근무를 시작할 때 A교수는 관례적으로 2년씩 근무한다고 말했었다. 그런데 이제 와서 1년마다 조교를 자동으로 교체해야 한다고 이야기하는 게 아닌가. 그마저도 그녀가 실제로 근무한 지 이미 1년 1개월이 된 시점이었기 때문에 말이 되지 않았다.

"담당 교수의 권한이라……."

그녀는 학과장과 면담했지만 아무런 해법도 찾을 수 없었다. 갑갑한 마음에 총장실에 진정서와 탄원서까지 제출하고 초조하게 기다렸다.

"그런 탄원서는 모르겠는데요."

"이미 총장님이 읽고 처리하라고 지시하셨습니다."

아무리 기다려도 답변이 없자 총장 비서실과 교무과에 문의했다. 하지만 탄원서를 읽었다는 것인지, 받지 못했다는 것인지 상반된 답변이 돌아왔다. 한 달 넘게 애를 썼지만 모두 모른 척할 뿐이었다. 매번 같은 수법이었던 20대 여자 조교에 대한 성희롱과 해임, 학과 교수들의 외면과 대학본부의 묵인. 이건 A교수 개인의 문제가 아니라 구조적인 문제가 분명했다. 민족의 지성이라 자부하는 대학에서 어떻게 이런 일이 벌어질 수 있을까!

분명 후임 조교도 그녀와 똑같은 고통을 겪을 것이다. 그것만은, 또 다른 피해자가 생기는 것만은 막아야 한다. 그녀는 8월 중순, 총학생회와 대학원자치회로 진정서와 탄원서 사본을 보냈다. 그 후 놀라운 일이 벌어졌다.

학생들의 반응은 학과나 본부와는 전혀 달랐다. 일주일 만에 총학생회 학원개혁위, 인권위, 학술국, 정책국 등 집행국들은 긴급회의를 가졌다. 다음 날, 그녀는 그들의 도움으로 대자보를 게시할 수 있었다. 그날 총학생회뿐 아니라 대학원자치회와 학내 여성동아리들의 첫 대책회의가 열렸다.

반격과 연대

O양은 해임된 것이 아니라 재임용이 안 된 것이며 이유
는 근무 태만이다. O양은 다정다감한 교수님의 성격을
악용하고 있다.
―OO과 대학원생 일동

학내 구성원들이 대자보를 붙인 다음 날, 그녀를 공격하는
또 다른 대자보가 붙었다. A교수의 제자들이었다. 그녀와 1
년간 얼굴을 마주했던 이들이었다. 수많은 여성 조교를 지켜
봤고, A교수가 여성 대학원생에게 한 일도 알고 있는 이들이
었다. 하지만 낙담하기엔 일렀다. 또 다른 OO과 대학원생들
이 그녀의 고발이 정당한 근거를 갖고 있다는 연대 대자보를
게시해 주었기 때문이다.

대자보를 붙인 대학원생의 지도교수가 바로 A교수이
다. 대자보를 쓴 조교의 실제 근무 기간은 1년 1개월로
재임용된 것으로 봐야 한다. 게다가 그 자리는 수년간
계속해서 타 대학 출신 여자였는데 사건 직후 본과 출

신 남자로 바뀌었다는 점은 성추행 문제가 개입되어 있음을 인정하는 결과이다. 더군다나 그 자리는 오래 있을수록 수련되어 자주 바뀔 이유가 없는 자리로 다른 학과 교수님들도 인정하는 바이다.

A교수의 제자가 아닌 OO과 대학원생들은 고맙게도 그녀와 연대해 주었다. 1980년대 초에도 그런 소문이 학과 내에 돌았다는 이야기까지 들려왔다. 며칠 내내 충격과 분노, 진상조사를 촉구하는 수많은 단체와 개인들의 대자보가 연속해서 붙었다. 그녀가 붙인 대자보가 태풍을 일으킨 것이 분명했다. 태풍은 그동안 보이지 않았던, 그러나 무거웠던 족쇄를 날려 버리기 시작했다.

학생들의 분노는 이것이 개인 차원의 문제가 아니라 학원 전반, 그리고 사회 전반과 관련되어 있다는 데에서 나왔다. 서울대 출신과 비서울대 출신, 남성과 여성, 교수와 조교. 사건은 분명 여러 위계 관계 속에서 발생했다. 당시만 해도 '위계'라는 개념이 낯설었지만, 그것이 이 사건의 본질이라는 점을 모두들 어렴풋이 느꼈다.

끝까지 소극적이었던 대학본부,
적반하장이었던 가해자

대학본부는 철저히 소극적으로 대응했다. 그녀와 연대한 학내 단체들은 대학 당국과 교수협의회에 관악 내 모든 계층을 포함한 진상조사단 구성 요청서를 보냈다. 그러나 본부는 "학생들이 관여할 문제가 아니다"라는 태도로 일관할 뿐이었다. 어쩔 수 없이 총학생회, 대학원자치회, 여성문제 연구 동아리 등이 협의회를 꾸려 진상조사단을 구성했다. 8월 말의 일이었다. 그리고 9월 초, 조사단은 그녀의 주장이 사실이라는 결과를 대대적으로 발표했다.

A교수는 적반하장격으로 대응했다. 그녀를 명예훼손 혐의로 고소한 것이다. 그녀는 더 큰 결단을 내려야 했다. 1993년 10월 18일, 그녀는 법원에 A교수와 서울대, 그리고 서울대를 운영하는 대한민국을 상대로 소장을 제출했다(〈[여성의 삶을 바꾼 30대 사건] "성희롱은 범죄다" 여성 조교가 쏘아 올린 #미투〉, 《여성신문》 2018년 8월 31일 자).

성희롱을 이유로 한 손해배상 청구 소송. 대한민국 역사상 최초의 소송이었다. 성희롱이라는 말조차 생소했던 시절이었다. 진상조사단의 보고서, 법원의 판결 모두 성희롱과 성추행, 성폭력의 개념 정의부터 시작하던 때였다. 그녀의 움직임이 한국 사회를 바꿀 수 있을까. 아직 아무도 알 수 없던 시기였다.

1980년대,
여자도 회사에 가고 싶었다

"세상이 많이 변한 줄 알았는데."

1993년 10월의 어느 날 신문을 보다가 〈서울대 조교 성희롱 관련 여성계 '공동대책위' 구성〉이라는 기사를 읽은 혜숙은 나지막이 읊조렸다. 두 아이를 키우는 서른 살의 엄마가 된 혜숙은 기사를 읽으며 분노하면서도 한편으로는 격세지감을 느꼈다. 여성들이 대학 졸업 후 직장생활을 하고, 상사의 부당한 성희롱에 대응하는 모습이 놀라울 뿐이었다. 그녀는 끝내 해 보지 못했던 회사생활. 결혼하고 아이를 키우는 지금은 수백 년

전의 일 같았다. 그러나 10여 년 전, 그녀는 누구보다 더 치열
한 대학 시절을 보냈다.

혜숙은 자료를 통해 재구성한 가상의 인물이다. 그녀가 들
려줄 1980년대 여대생의 삶 속으로 들어가 보자.

'자기실현'을 꿈꿨던 1980년대 여대생들

1981년 도입된 졸업정원제는 대학의 분위기를 크게 바꿔 놓
았다. 전두환 정부는 과외 과열 해소를 명분으로 1981학년
도부터 각 대학에 기존 졸업정원의 30퍼센트를 추가 선발하
되, 그만큼을 중도에 탈락시키도록 했다. 쿠데타로 집권한
전두환 정부에겐 당장 눈에 띄는 치적이 필요했다. 그 일환
으로 입시 지옥을 해소하겠다며 과외 금지와 함께 졸업정원
제를 내세운 것이었다. 졸업정원제는 대학생 수를 급격히 팽
창시켰다. 30퍼센트만큼을 단계적으로 탈락시킨다 하더라
도 당장 입학생 수가 많아졌고, 규정대로 탈락시키지는 않았
기 때문에 증가 효과가 컸다.

여대생 수 역시 급격하게 늘어났다. 여학생이 점차 고등교

육에 진입하기 시작했고, 고등학교만큼은 아니었지만 많은 부모가 딸에게도 대학 교육을 시키기 시작했다. 그로 인해 1970년대 중반 20만 명이던 여대생 수가 1980년대 중반에는 90만 명으로 4배 넘게 증가했다. 졸업정원제는 요즈음만큼은 아니지만 많은 대학생이 성적에 압박을 느끼게 만들었다. 그러나 그만큼 많은 수가 대학문화와 학생운동을 접했다.

혜숙은 1983년 고려대 문과대에 입학했다. 그녀의 어머니는 딸이 대학에 입학하는 것을 자랑스러워했지만, 동시에 걱

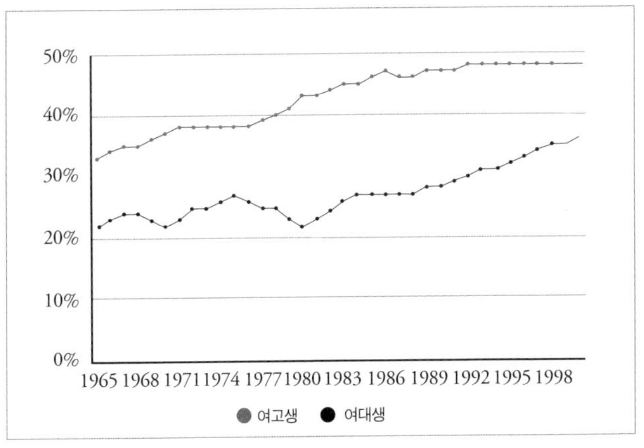

◑ 여고생과 여대생 비율(1965~2000).

* 출처: 교육통계서비스(http://kess.kedi.re.kr/index).

정도 많았다. 딸만큼은 훌륭한 사회인이 되기를 바라면서도, 쉽지 않은 길이라는 걸 알고 있었기 때문이다. 그 무렵 신문에는 여대생의 증가를 골칫거리처럼 다루는 기사가 적잖이 실렸다. "여학생들은 졸업 후 사회에 진출하는 비율이 남학생에 비해 훨씬 낮고 사회활동 기간도 짧기 때문에 투자의 효율성 면에서 문제가 있다"라는 것이었다. 무려 전국국립대총장협의회가 내놓은 목소리였다(《대학마다 여대생 급증에 고심》, 《동아일보》 1983년 12월 12일 자).

1983년, 설레는 마음으로 캠퍼스를 거닐던 혜숙은 정문 근처 게시판 앞에서 잠시 발걸음을 멈추었다. 낡은 게시판에는 각종 동아리 모집 공고가 붙어 있었다. 공고를 읽고 돌아서던 중 설문조사를 하고 있는 여선배들의 모습이 보였다.

"안녕하세요. 고려대 여학생회에서 여학생 의식구조에 대한 설문조사 중이예요. 잠시만 시간 내서 답변해 주세요."

혜숙이 다가가니 그들은 설문지를 건네주었다. 설문지의 맨 위에는 '여자의 일생에서 가장 중요한 행복의 조건은 무엇이라고 생각하십니까?'라는 질문이 적혀 있었다. 아래에는 몇 가지 선택지가 나열되어 있었다. 남편의 사랑, 훌륭한 자녀 기르기, 그리고 자기실현. 혜숙은 망설임 없이 '자기실현'에 체크했다. 당연한 것 아닌가! 자기실현을 위해서가 아니라면 대학에 올 이유가 없었다. 대학은 그녀 스스로를 발견하고, 증명하기 위해 온 곳이었다. 혜숙은 주저 없이 다음 질문에도 응답했다. 다음 질문은 졸업 후 계획이었다. 결혼, 취업, 대학원, 외국 유학 등 여러 선택지가 적혀 있었다. 이번에도 혜숙은 취업에 동그라미를 그렸다.

얼마 후 여학생회가 설문조사 결과를 발표했다. 다른 많은 여학생들이 혜숙과 같은 생각을 갖고 있었다. 70퍼센트의 여학생들이 혜숙처럼 자기실현을 행복의 조건으로 꼽았고, 80퍼센트가 넘는 여학생들이 취업이나 진학, 유학을 졸업 후의 계획으로 꼽았다(《여대생 반이 졸업 후 취업 희망》, 《동아일보》 1983년 1월 11일 자). 1980년대의 여대생들은 혜숙처럼 모두 꿈에 부풀어 있었다.

학생운동에 뛰어든 여대생들

혜숙은 곧 대학을 짓누르던 무거운 분위기에 젖어들었다. 교정엔 사복경찰들이 상주했고, 어딜 가나 감시의 시선을 받았다. 어느 때는 가방 검사를 하기도 했다. 1학년이었던 혜숙은 이 정권이 얼마나 불의한지 피부로 느낄 수 있었다. 운동권 남학생들은 "반파쇼 민주화투쟁 선언문"과 같은 유인물을 뿌리고 시위를 벌이곤 했다. 최루탄 연기와 사복경찰, 유인물과 구호. 혜숙의 1학년을 수놓은 풍경이었다.

1983년 12월, 집권에 자신감이 붙은 정권은 '학원 자율화 조치'를 발표했다. 이듬해 봄이 되자 제적당한 학생들이 학교로 돌아왔고, 늘 눈에 거슬리던 사복경찰들이 교내에서 사라졌다. 학교마다 정부가 통제했던 학도호국단 대신 총학생회를 건설하려는 움직임으로 분주했다. 개강 직후부터 학생총회, 의문사한 학우를 위한 추모제, 광주 민주영령 추모제, 한일관계 대토론회 등 행사와 시위가 이어졌다. 새내기 시절에는 학생운동과 거리가 멀었던 혜숙도 어느덧 운동에 참여하게 되었다.

학내에는 점차 과격한 집회와 시위가 늘어났다. 학생들은 교문 앞에서 전경과 대치해 돌과 화염병을 만들어 던졌다. 최루탄 냄새로 혜숙은 숨쉬기 어려운 와중에도 돌을 나르고, 시위대열 뒤에서 부상당한 남학생들에게 응급처치를 해 주곤 했다. 시위가 시작될 땐 뒤에서 구호를 외치고 노래를 부르며 투쟁 대열에 힘을 실어 주었다. 그 시절 여학생들의 시위 방식이었다. 혜숙과 많은 여학생은 할 수 있는 선에서 최선을 다했다. 다만 주목받지 못할 뿐이었다.

1986년, 어느덧 혜숙은 4학년이 되었다. 1985년 2·12총선에서 신민당이 돌풍을 일으켜 제1야당으로 부상한 뒤, 정국은 하루하루 폭탄 심지에 불이 붙은 것처럼 타들어 갔다. 운동권에서는 여러 팸플릿을 제작하며 노선 논쟁을 벌였다. 혜숙이 대학에 들어왔을 때만 해도 소수의 운동권 학생이 주도했던 학생운동은 이제 대다수 학생의 일이 되었다. 학원 자율화 조치 이전에 대학에 들어온 혜숙에게는 놀라운 변화였다. 하지만 혜숙은 졸업 후의 진로를 더 고민하기 시작했다. 동기나 선배들 중에는 졸업 후 공장으로 가거나, 다른 방식으로 운동을 계속하려는 이들이 있었다. 혜숙은 그만큼 운동에 깊숙이 발을 담그지 않았기 때문에 졸업 후 다른 길을 찾아야 했다. 하지만 현실은 생각보다 훨씬 냉혹했다.

여성 대학졸업자는 어디서도 받아 주지 않았다

그 시절 기업들은 공채 시즌이 되면 신문에 대대적인 사원 모집 공고를 냈다. 혜숙과 친구들은 매일 아침 신문을 1면부터 살펴보며 사원 모집 공고를 낱낱이 살폈다. 1980년대 '3저 호황' 속에서 수많은 회사가 대규모로 신입사원을 모집했다.

혜숙의 졸업 학기인 1986년 하반기에는 30대 기업의 모집 규모가 전해보다 20퍼센트나 늘어났다. 그러나 혜숙이 지원할 만한 자리는 많지 않았다. 있다고 해도 경쟁률이 치열했다. 수많은 회사의 모집 공고에 하나같이 '응시 자격: 병역 필 또는 면제자'라고 적혀 있었기 때문이다. 여성은 아예 병역의 의무가 없었기 때문에 남자만 뽑겠다는 의미였다. 여성을 뽑는다고 해도 채용 규모는 소수였다. 삼성이나 현대 같은 대기업들이 2,000명 이상의 신입사원을 모집했지만 그중 여성은 각각 100명뿐이었다(《여성에게도 취업기회를》,《매일경제》1984년 11월 5일 자).

혜숙은 손에 들고 있던 신문을 꼭 쥐었다. 옆에 있던 친구가 한숨을 쉬며 말했다.

"이걸 봐. 대기업도, 은행도, 거의 병역필 조건이야. 여자는 쥐꼬리만큼 뽑네. 우리는 대체 어딜 가란 말이야?"

매일 혜숙의 마음은 조금씩 실망감에 젖어들었다. 동기 여학생들은 지원서조차 받아 주지 않는 회사가 많다는 걸 깨닫자 대학원 진학이나 유학을 선택하기도 했다. 어떤 친구는 가게를 내겠다며 홈패션 취미강좌를 다닌다고 했다(〈취미강좌에 여대생 몰려—바늘구멍취업 대신 부업 길 찾아〉,《동아일보》1986년 11월 8일 자). 혜숙과 친구는 씁쓸하게 웃었다.

1989년 4월 1일 자《동아일보》에 실린 삼성의 사원 모집 공고.
응시 자격에 '병역필 또는 면제자'만이 응시할 수 있음을 보여 준다.
사원 사진에 여성이 단 한 명도 없다는 점 또한 눈에 띈다.
＊ 출처: 네이버 뉴스 라이브러리.

동기 남학생들은 군대에 다녀왔기 때문에 아직 졸업하려면 멀었다. 그러나 남자 선배들은 일찌감치 취업해서 회사에 다니고 있는 경우가 많았다. 혜숙이 따라서 시위에 다녔던 선배들도 있었다. 성적은 혜숙이 더 우수했지만 다 소용없는 일이었다. 여대생들이 이렇게 많아졌으니 이제는 달라질 거라 생각했다. 이럴 거면 뭐하러 대학에 왔는지 자꾸 허탈한 마음만 들었다.

혜숙이 취업에 골몰하던 즈음, '부천서 성고문 사건'이 터졌다. 혜숙과 동년배인 서울대 의류학과 83학번 권인숙이 공장에 위장취업을 한 후 노동운동을 하다가 체포되어, 부천경찰서 문귀동에게 성적 학대를 당한 사건이었다. 권인숙은 문귀동을 강제추행 혐의로 고발하며 전두환 정권의 악랄함을 세상에 알렸다. 험악한 시절이었다. 학생운동에 깊숙이 참여하지는 않은 채 자기실현을 꿈꾸며 졸업을 준비하던 혜숙에게도, 국가와 사회를 바꾸기 위해 운동 현장에 뛰어든 수많은 여성 학생운동가에게도 모두 그랬다.

혜숙은 결국 취직을 하지 못한 채 졸업한 후 유학을 준비했다. 그러다 남편을 만나 결혼하고 아이를 갖는 바람에 유학을 포기하고 말았다. 혜숙도 보통의 여대생처럼 졸업 후 그렸던 미래와는 다른 길을 걷게 되었다. 아이를 키우며 혜숙은 그래도 하루하루 행복하고 보람 있는 생활을 하고 있다 생각했다. 하지만 모든 여성들이 혜숙과 같았던 것은 아니었다. 1989년 대치동 은마아파트에서 대학 졸업 뒤 아이를 키우다 영업사원으로 재입사한 여성이, 사회적으로 자신의 능력을 발휘할 수 없다는 점을 비관해 자살하는 사건도 나타났다(〈"자아성취 길이 없다" 주부 자살〉, 《경향신문》 1989년 9월 20일 자(원혜빈, 〈1980년대 '여학생'의 문화정치: 남녀공학 대학 여학생 교지를 중심으로〉, 성균관대학교 국어국문학과 석사학위 논문, 2019, 79쪽에서 재인용). 뉴스를 보고 아무렇지 않았다면 거짓말이었다.

그사이 민주화가 이루어졌다. 1988년엔 '남녀고용평등법'이 제정되며 공식 모집 광고에 특정 성별만 채용한다는 조건을 넣는 것이 금지되었다(〈"성차별 악습", "직종 특성 고려" 남녀고용평등법 적용 관심 집중〉, 《한겨레》 1989년 11월 17일 자). 그래서일까 1990년대가 되니 커리어우먼이라는 말이 유행하기 시작했다. 최진실 같은 배우가 "아기는 절대 안 낳겠다"고 선언하는 신세대 커리어우먼으로 분한 영화도 개봉했다. 민주화가 되니 많은 것이 변하는구나, 혜숙은 생각했다. 어느 날 상사의 성희롱을 폭로하는 여성의 이야기를 신문에서 보기 전까지는 말이다.

가장 여성 친화적인 직장에서도
성차별과 싸워야 했다*

누군가는 그렇게 말할 수도 있다. 어쩌면 혜숙의 사례가 그 시절엔 당연한 것 아니었냐고. 직장은 남성들이 대다수였고 업무 강도 역시 지금과는 비교할 수 없을 만큼 높았기에 그 시절 남성을 더 많이 채용하는 건 어쩔 수 없었던 일 아니었느냐고 말이다. 당시 여성들은 대부분 결혼하고 출산하면 직장을 그만두는 분위기였기에 여성 스스로 선택한 면도 있지 않으냐고.

* 이 글은 참고문헌 중 민경자의 책에 기초해 재구성한 것이다.

그렇다면 가장 여성 친화적이었던 직장에서는 어땠을까? 남성이 다수를 차지하는 직장에서는 어쩔 수 없는 일이었다면, 여성이 다수인 직장에서는 반대의 분위기가 조성되었을까. 전통적으로 은행원, 교사, 간호사는 여성들에게 가장 좋은 일자리로 여겨졌다. 여성에게 열려 있는 고용 시장이고, 그만큼 그 직업군에 여성들이 많았기 때문이다. 특히나 은행은 예나 지금이나 여성에게 최고의 직장이었다.

한국 사회가 한창 성장하던 1970년대, 은행 역시 번창했다. 매해 점포를 신설했고, 더 많은 은행원을 필요로 했다. 은행은 엘리트들의 직장이었다. 고졸 이상만 취업할 수 있었으며, 특히 가난한 집안의 딸들에게는 중산층으로 올라갈 수 있는 희망의 통로였다. 은행에서는 매달 월급 외에도 성과급 같은 금액을 주었는데, 그 두둑한 봉투를 집은 손끝의 감각은 벅찰 만큼 짜릿했다. 상업학교를 나온 여학생들이 대거 은행으로 향했고, 극소수의 일반고와 대졸 여성들도 예외는 아니었다. 1975년 10대 은행에 근무하는 직원 2만 5,000명 중 40퍼센트가 여성이었다.

불가능해 보였던 여성의 승진

장미숙은 1950년대 부산대 상대를 나온 여성이었다. 그 시절 대학을 나올 만큼 집안 역시 부유했다. 1954년 그녀는 조흥은행 부산지점 국제시장 예금취급소에서 직장생활을 시작했다. 전쟁 중 부산이 임시수도 역할을 했고, 거의 현금으로 거래하던 때라 업무량이 어마어마했다. 점심도 서서 먹을 정도로 바쁜 날들이 이어졌다. 그녀는 그 안에서 꿈을 키웠다.

당시 여성 은행원들에게 결혼과 함께 은행을 떠나는 것은 당연한 일이었다. 하지만 그녀는 승진을 꿈꿨다. 1962년, 수백 명의 남성 은행원 사이로 대리 승진 시험 고사장 문을 열고 들어섰을 때를 지금도 잊지 못한다.

"치마를 입고도 시험을 보나?"

고사장이 잠시 술렁였다. 짓궂은 남성 동료들의 놀림에 얼굴을 푹 파묻으며 서둘러 자리에 앉았다. 그쯤은 이미 예상한 일이었다. 그녀는 들은 체도 하지 않고 시험에 집중했다. 결과는 합격. 하지만 실제로 대리로 발령받기까지는 7년을 더 기다려야 했다. 여자를 책임자에 앉힐 수 없다는 이유 때문이었다. 그러나 그녀는 끝내 한국 은행권 역사상 최초의 여성 대리가 되었다(《장도송 연수원장 "독립운동하듯 은행 다녔는데……女風 감격”〉,《동아일보》2014년 1월 8일 자).

성차별, 회사생활의 필수품

"언니, 저 오늘 아침에 또 종이비행기 받았어요."

1975년의 어느 날, 같은 은행에 근무하던 후배 여행원 문명자가 여자 화장실 앞에서 그녀를 붙잡았다. 은행 내에서 입지전적 인물이던 장미숙에게는 늘 고충 상담을 해 오는 후배들이 많았다. 대학에서 신문방송학을 전공하고 졸업한 문명자 역시 그중 한 명이었다. 그가 말한 종이비행기란 과장이 담배 심부름을 시키며 지폐로 접어 날린 것을 말했다. 문명자의 책상엔 아침마다 비행기가 날아들었다.

처음부터 그가 그 업무를 맡았던 것은 아니었다. 이전에는 사무실에 고등학교 졸업 학력을 가진 '미스 김'이 있었다. 미스 김은 모든 잡다한 심부름과 청소를 도맡았다. 사무실에서 그녀는 최하층 계급이었다. 문명자는 그녀를 보며 분노하면서도, 한편으로는 '그래도 내가 저 일은 하지 않아도 되니까'라고 안도하는 자신의 모습에 불편함을 느끼곤 했다. 하지만 얼마 지나지 않아 미스 김이 다른 부서로 발령이 나면서 그 모든 일이 문명자에게 돌아왔다. 참, 고졸이라 미스 김으로 불렸냐고? 아니. 1970년대 고등학교는 남성과 여성 모두에게 고등교육이었다. 학력과 상관없이 단지 여성이었기 때문에 정식 이름으로 불리지 못했던 것뿐이었다.

"돈을 정산할 때 여자 행원들만 불러 시키는 것도 못 참겠어요. 우리 여행원들은 그저 죽어라 돈만 세고 심부름만 하라는 것 같아요. 대학 나오면 뭐해요? 입사할 때 언니나 저나 최종 학력을 고등학교 졸업으로 적어야 했잖아요."

명자는 억울하다며 씩씩거렸다. 정말 그랬다. 여행원이 전체 직원의 3분의 1을 넘었지만 그녀들의 업무는 단순 반복적이고 하찮게 여겨지는 것들뿐이었다. 잔심부름을 시키려고 학력을 깎게 했나라는 생각이 들었다. 오래되었지만 여전히 익숙해지지 않는 일상이었다.

임금 차별도 체계적으로

"언니, 그 얘기 들었어요? 남녀 분리 단일호봉제 얘기요!"

점심을 먹고 돌아오는 그녀를 이번에도 문명자가 붙잡았다. 잔뜩 화난 얼굴이었다. 보아 하니 내년 초부터 은행들이 '남녀 분리 단일호봉제'를 실시한다는 소식을 들은 모양이었다. 이전에는 보수 시스템조차 없이 은행마다 임금 책정 원칙이 달랐다. 그것을 나름대로 체계적으로 제도화한 것인데, 문제는 남행원＞여행원＞고용원으로 남녀 간의 호봉 체계를 아예 분리해 버린 점이었다.

"제가 입사한 지 6년이 됐잖아요. 저랑 똑같이 입사하고, 똑같이 대학을 나온 남자 동기 월급을 물어보니 저보다 25퍼센트나 많더라고요. 심지어 겨우 작년에 입사한 남자 후배가 저보다 월급을 더 많이 받아요. 그런데 이제부터는 아예 여자들을 낮은 호봉에 박아 넣겠다는 거잖아요."

"나도 들었어. 안 되겠다. 우리 금융노조 측에 한 번 얘기해

'남녀분리 단일호봉제'에 대한 여성 행원의 반발을 보도하는 기사.
〈우린 창구의 꽃이 아니다. 여행원들 임금 차별에 반발〉.
* 출처: 《경향신문》 1975년 10월 31 자, 네이버 뉴스 라이브러리.

보자.”

장미숙은 어차피 소용이 없을 걸 알면서도 금융노조에 이야기나마 해 보기로 마음먹었다. 금융노조에는 조흥은행을 포함한 시중은행이 들어가 있었고, 임금인상 쟁의를 벌이기도 했다. 하지만 금융노조의 한 간부는 여행원들의 항의에 빈정거릴 뿐이었다. “여자들이 떠들면 잘될 일도 안 돼. 꽃꽂이나 하고 예쁘게 앉아 있어!”

결혼 퇴직각서 폐기 작전

2022년 여름의 어느 날, 서울 종로구의 한 카페에서 장미숙의 88번째 생일잔치가 열렸다. 생일잔치에 참석한 사람은 송숙진, 김수미 등 50여 년 전부터 장미숙과 금융권 여성운동을 함께 벌였던 ‘전우’들이었다. 오랜만에 만난 이들은 담소를 나누며 과거 겪었던 차별들을 되짚다가 어김없이 결혼 퇴직각서 이야기로 넘어갔다. 장미숙과 동지들 인생에서 가장 의미 있고 기억에 남았던 투쟁이었다.

1970년대 중반의 어느 날, 각 은행의 노조 여성부장들이 한자리에 앉았다. 그들은 모이면 각자의 은행에서 여행원들에게 행해지는 차별을 공유하며 함께 분노했다. 그중에서도 가장 문제라고 여겼던 제도가 바로 결혼 퇴직제도였다.

저는 그 서류가 뭔지도 몰랐어요. 그 많은 서류를 다 써야 입사가 된다길래 그냥 써 내려갔어요. 그 안에 결혼 퇴직각서가 있었을 줄 꿈에도 몰랐죠.
—〈"결혼하면 퇴직" 46년 전 은행 '결혼 퇴직각서' 찢어 버린 여자들〉, 《한겨레》 2022년 8월 18일 자

누군가 한숨을 쉬며 말했다. 여행원들은 결혼 후 집안일과 육아 부담으로 직장을 그만둬야 했던 것이 아니었다. '제도적으로' 결혼하면 퇴직을 해야 했다. 그러나 실은 제도가 아니었다. 대부분의 은행이 여성 행원 채용 시 받는 결혼 퇴직각서가 그 근거였기 때문이다. 헌법과 근로기준법에 위배되는 각서는 아무런 효력이 없었다. 그러나 여행원들 중에 그 사실을 아는 사람은 많지 않았다. 국책은행은 더했다. 산업은행은 무려 각서 제출을 규칙으로 정했고, 한국은행은 결혼 퇴직각서에 더해 서른 살이 되면 퇴직한다는 각서까지 요구

했다.

"여자들은 결혼 전까지만 근무하니 승진과 교육이 필요 없고 월급을 더 적게 줘도 된다는 거지." 장미숙이 침울한 어조로 말했다. 뫼비우스의 띠었다. 퇴직을 예정해 놓고, 그걸 빌미로 성차별을 합리화했다. 모든 고리가 결혼에 맞물렸다. 조흥은행 노조 여성부장이었던 송숙진, 산업은행 노조 여성부장이었던 김수미는 우선 결혼 퇴직각서를 폐지해야겠다고 마음먹었다.

당시 여행원 대부분은 결혼을 앞두고 관행처럼 미리 사표를 제출했다. 송숙진과 김수미는 이 관행을 깨기로 했다. 결혼을 하고도 휴가원만 내고 복귀하는 선례를 만들자는 계획이었다. 처음에는 결혼을 앞둔 산업은행의 김수미가 그 일을 맡기로 했다. 그러나 1975년 11월, 조흥은행 의무실 약사 강경자가 먼저 결혼하게 되면서 계획이 앞당겨졌다. 장미숙과 송숙진은 강경자를 찾아갔다. "사표 대신 휴가원을 내고 신혼여행을 다녀와. 우리를 믿고 제발 결혼해 줘."

강경자의 집안이 부유했고, 더군다나 약사였기 때문에 설마 약사를 건드릴까 싶어 부탁한 것이었다. 장미숙과 송숙진의 부탁을 받고 용기를 낸 강경자는 조흥은행 창립 이래 처

음으로, 결혼 특별휴가 신청서를 제출하고 퇴직 없이 결혼했
다. 은행 측은 즉각 반응했다. 장미숙은 결혼 퇴직각서 폐지
운동의 배후로 지목되어, 버스노선도 없는 영등포 지점으로
발령받았다. 그러나 그는 끝까지 강경자가 퇴직하지 않도록
막아 냈다. 이 사례는 여성 행원들에게 희망이 되었다.

결혼 뒤 직장에 다니면 뻔뻔하다고?

1976년 봄, 이번에는 김수미가 나섰다. 그녀는 사직서 대신
결혼휴가원을 제출했다. 그러나 산업은행의 경우 상황이 더
욱 복잡했다. 여자 직원이 결혼하면 자동으로 퇴직해야 한다
는 조항이 무려 '취업규칙'으로 존재했기 때문이었다.

한국산업은행 취업규칙 제10장 퇴직
제62조(당연퇴직) 직원이 다음 각 호의 1에 해당하는 경
우로서 의원 퇴직 또는 징계 퇴직으로 처리되지 아니한
경우에는 이를 당연퇴직으로 처리한다.

김수미는 소송도 불사하겠다는 각오로 맞섰다. 다양한 압

력을 버텨 내며 결혼하고도 계속 출근을 감행했다. 사측과의 팽팽한 줄다리기가 이어졌다. 강경자와 김수미의 사례는 언론을 통해 보도되며 사회적 반향을 일으켰고, 금융권 내 여성 노동자들의 현실이 공론화되었다.

결국 1976년 9월, 산업은행 노조는 사측과의 단체협약을 통해 결혼 퇴직 규정을 폐기하는 데 성공했다. 이어 1976년 10월, 노동청은 결혼 퇴직각서가 근로기준법 위반으로 법적으로 무효이며 폐지되어야 한다는 지침을 시달했다. 이후 은행권에서 결혼 퇴직 관행은 적어도 명목상으로는 막을 내렸다. 하지만 여성 노동자들의 싸움은 여기서 끝나지 않았다. '결혼하고 직장에 다니는 여자들은 뻔뻔하다'는 사회적 편견이 여전했기 때문이다.

그때도 생각했던 '출산 파업'

"미숙 언니, 저 지점장 앞에서 결혼 전에 '저 결혼하겠습니다'라고 말하고 결혼 휴가 다녀와서 '저 결혼했습니다'라고 말하는 연습했던 거 기억나요?"

"당연히 기억나지. 우리가 결혼하고도 은행을 그만두지 않으니까 임신만 해 봐라라고 벼르던 것도 어떻게 잊겠어."

2022년, 이제는 70대가 된, 한일은행에 다녔던 정현순이 옛일을 말하자 장미숙은 맞장구쳤다. 각서가 폐지되긴 했지만 관습과 편견은 더 끈질기게 살아남아 여행원을 괴롭혔다. 정현순을 비롯해 수많은 여행원은 그 관습과 편견에 지지 않으려고 부단히 노력했다. 그러자 은행 간부들은 "뭐 어쩌겠나. 시집가는 행원들이 아이 낳을 때까지 기다릴 수밖에 없지"라고 말하고 다녔다(《여행원 아이 낳을 때까지 기다려야》, 《조선일보》 1978년 2월 3일 자).

자연스레 임신을 하고도 은행을 다니려 했던 여행원들은 유·무형의 압력에 시달렸다. 남행원들은 일부러 그러는 것인지 "배가 불러서 어떻게 은행 일을 하나, 그만둬야지", "니가 그래가 은행 다니겠나? 창피하게"라는 말을 수시로 내뱉었다. 여행원들에게 임신은 민망한 일이었다.

"수미 너, 오죽하면 임신했을 때 만삭까지 미제 코르셋을 차고 다녔잖아. 그것 때문에 애도 잘 못 크고 얼마나 힘들었니."

　장미숙의 이야기에 다들 맞장구쳤다. 한번은 송숙진이 금융노조 간부 세미나에 참석해 남자 행원이 군 복무를 하면 3년간 기본급을 지급해 주고, 그 경력을 인정해 주는 것처럼 여자 행원의 출산도 '국민 생산'으로 우대하여 인정해 줘야 한다고 주장한 적이 있었다. 대부분의 남자 세미나 참석자들은 어처구니없다는 반응을 보였다.

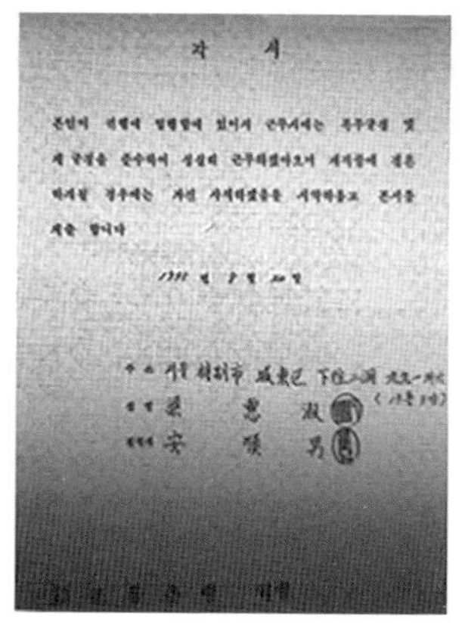

조흥은행 결혼 퇴직각서.
* 출처: 〈'유리천장 깨기' 그 시작에는 이들이 있었다〉
https://youtu.be/oDPuoE0ufw0?si=L7NMopvijWj6N3DV.

"그때 내가 오죽하면 단체로 출산 파업을 할 필요가 있겠다는 생각까지 했겠어요? 그때 내 말대로 했더라면 요즘처럼 아이 낳기를 무서워하지는 않을 텐데. 요즘 젊은이들은 내가 생각했던 파업을 실천하는 것 같아요."

한국 은행권 사상 첫 여성 대리, 첫 여성 지점장을 역임했던 장미숙도 고개를 끄덕였다. 여자들이 가만히 있다고 뭔가를 받은 적은 없었다. 결혼 퇴직각서 폐지도, 승진도, 임금 차별도 모두 힘들게 싸워 얻어 낸 일이었다. 희망은 투쟁을 통해서만 만들어졌다.

연대를 통해 겨우 만든
여성들의 '평범한 회사생활'

결혼, 그 죽일 놈의 장벽

1970년대 중반 대표적인 여성 직장으로 불렸던 은행은 공식적으로는 결혼 퇴직제를 폐지했다. 하지만 은행을 비롯한 많은 직장에서는 여전히 공공연한 관행이었다. 여성들에게는 여전히 결혼과 함께 직장을 떠나는 것이 당연한 일이었다.

1983년, 방일물산 영업부에서 근무하던 한 여성이 심한 교통사고로 중상을 입었다. 그녀는 더 이상 일을 할 수 없게 되자 가해자를 상대로 손해배상을 청구했다. 하지만 재판 결과는 터무니없었다. 서울민사지법이 외무사원으로서 그녀의 수입을 단 25세까지만 인정한 것이다(〈여성 정년 26세 판결 큰 파문〉, 《매일경제》 1985년 4월 30일 자). 사법부가 대한민국 여성들의 평균 정년을 25세로 간주하던 시대였다. 여성들은 직업을 갖더라도 결혼하면 퇴직해야 한다는 현실을 다시금 확인해야 했다.

이 판결은 큰 논란을 불러일으켰다. 한국여성단체협의회와 대한YWCA를 비롯한 여성단체들은 강력히 반발하며 재판부의 성차별적 인식을 비판했다. 이들의 노력 덕분이었을까. 1986년 서울고등법원은 정년을 법정 기준인 55세로 적용하여 손해배상액을 재산정하는 판결을 내렸다(〈미혼 직장여성 정년은 55세, 서울고법〉, 《조선일보》 1986년 3월 5일 자). 여성들이 단순히 결혼과 함께 노동 시장에서 퇴출되는 존재가 아니라, 노동자로서 정당한 권리를 가져야 한다는 법적 승리를 이끌어 냈다.

변화는 더뎠다. 1987년, 전국 74개 병원을 대상으로 한 조사에서 40퍼센트의 병원이 여전히 결혼 퇴직을 종용하고 있다는 사실이 드러났다. 심지어 간호사처럼 대표적인 여성 직업에서도 결혼 후 계속 근무하는 것이 쉽지 않았다. 병원 내에서 '결혼한 간호사는 업무 효율이 떨어진다'는 인식이 퍼져 있었고, 이는 또 하나의 보이지 않는 장벽이 되었다(〈간호원 일

〈간호원 일할만 하면 쫓겨난다〉.
* 출처: 《동아일보》 1987년 7월 23일 자, 네이버 뉴스 라이브러리.

할 만 하면 쫓겨난다〉,《동아일보》1987년 7월 23일).

1988년 4월, 노태우 정부와 민주정의당이 제정한 '남녀 고용평등법'은 상황을 조금씩 바꿔 놓았다. 법은 미흡하게나마 모집과 채용에서 여성 근로자가 남성과 평등한 기회를 보장받도록 하는 내용을 담고 있었다. 이제 사원 모집 공고에서 공개적으로 여성을 배제하긴 어려워졌다. 법이 민주화 이후 첫 대통령선거인 1987년 12월 16일을 전후로 통과되었기 때문에 이를 여성 유권자층을 겨냥한 선거 전략으로 보는 시각도 있었다. 그러나 정치권이 여성들의 목소리를 의식하고 대응할 필요성을 느꼈다는 점에서 보면 시대적 변화를 반영하는 것이었다(《남녀고용평등법 미흡한 점 많다》,《동아일보》1988년 3월 31일 자).

물론 법이 만들어졌다고 해서 현실이 급변하는 것은 아니었다. 채용 과정에서의 차별이 완전히 사라지는 데는 시간이 필요했다. 회사에 힘겹게 들어가도, 결혼 퇴직제도나 관행이 사라져도 여성들의 회사생활은 녹록지 않았다. 임금과 업무상의 성차별은 항상 성희롱, 성폭력과 공존했다. '서울대 A 교수 사건'은 그 바로미터였다.

직장 내 성희롱, 수면 위로 올라오다

다시 1993년 10월로 돌아가자. 그녀가 A교수와 서울대, 대한민국에 성희롱을 원인으로 한 손해배상 청구소송을 걸자, 시민사회가 그녀에게 손을 내밀기 시작했다. 10월 19일, 여성단체들이 연합한 성폭력 특별법 제정 추진 특별위원회, 서울대 총학생회, 대학원 자치협의회를 비롯한 수많은 단체가 하나로 뭉쳤다. '서울대 조교 성희롱 사건 공동대책위원회'의 출범이었다. 당시만 해도 가해자인 'A교수'가 아니라 '조교'가 사건의 주인공으로 불렸다. 그러나 연대의 손을 내민 이들은 마치 오랜 시간 기다려 왔다는 듯 움직였다.

공대위는 교육부에 진정서를 제출하고, 성희롱 피해 상담 창구를 개설했다. 공개 토론회를 개최해 침묵하던 이들의 입을 열게 했고, 거리에서 유인물을 배포하며 성희롱이 무엇인지 알렸다. 유인물에는 성적인 농담과 폭언, 음담패설, 외모에 대한 성적 품평(잘빠졌다, 섹시하다 등), 성적 행위를 암시하는 손짓과 몸짓, 음란한 시선, 의도적인 신체 접촉 등이 모두 성희롱이라는 내용이 담겨 있었다. 법정 싸움에는 6년이라는 시간이 걸렸지만, 이와 같은 대중운동은 직장 내 성희롱

문제를 공론화하는 데 큰 역할을 했다.

그녀의 용기 있는 폭로는 직장 내 성희롱 실태를 수면 위로 끌어올렸다. 1993년 말, 서울 지역에서 근무하는 사무, 전문, 판매, 서비스직 여성 374명을 대상으로 한 조사에서 무려 71퍼센트가 불쾌한 성적 농담이나 폭언, 음담패설을 경험했다고 응답했다. 신체 접촉 경험은 56퍼센트, 뒤에서 껴안는 행위는 11퍼센트, 면전에서 바지를 내리거나 성기를 노출하는 장면을 목격한 경우도 각각 13퍼센트, 11퍼센트에 달했다.

성희롱은 사무실, 회식 장소, 야유회 등 가리지 않고 일어났다. 남성 상사들은 회식 자리에서 볼에 키스하고 껴안았으며, 야유회 때 게임 도중 자신의 성기를 가리키거나, 성기 위에 컵을 올려놓고 여직원들 앞에 들이밀곤 했다. A교수와 마찬가지로 가슴을 툭툭 치고, 손을 잡고, 허리를 만지고, 등을 쓰다듬는 일은 비일비재했다. 시집가도 될 정도로 몸이 여성다워졌다는 이야기를 아무렇지 않게 하거나, 다른 여직원의 신체와 비교하며 음담패설을 하고, 자신이 입은 옷이 음식을 연상시킨다며 먹고 싶다고 표현했다는 경험담이 쏟아졌다.

동료 남직원으로부터 성희롱을 겪은 비율 역시 상사 못지않았다. 회사에 다니는 여성 50~70퍼센트는 그런 일들을 늘

상 경험했다. 그럼에도 별다른 대응을 하지 못했다는 대답이 절반이 넘었다. 이유는? "일상적인 일이라 항의해도 소용없다는 생각"과 "직장 내 인간 관계가 껄끄러워질 것"을 우려했기 때문이었다(〈직장여성 87% 性(성)희롱 경험〉, 《경향신문》 1993년 12월 9일 자). 만약 그녀의 폭로가 없었다면 이 모든 경험은 여전히 침묵 속에 묻혀 있었을 것이다.

'평범한' 직장생활을 위한 법정투쟁

1994년 4월 18일, 드디어 1심 재판부가 A교수에게 3,000만 원의 손해배상 지급을 명령했다. 경이로운 승리였다. 성희롱의 개념과 실태가 알려지고, 성희롱에 대한 법적·제도적 규제가 필요하다는 목소리들이 높아졌다. 상대방의 의사에 반해 성적 굴욕감을 느끼게 하는 행위가 모두 성희롱이라는 개념이 알려졌다. 하지만 냉소와 조롱도 쏟아졌다.

"이것도 성희롱이냐?"

"(어깨를 툭 치며) 이러면 3,000만 원이냐?"

많은 여성이 이러한 조롱과 냉소 속에서 고통받아야 했다. 하지만 그녀는 더 이상 혼자가 아니었다. 공대위를 비롯한 연대자들은 그녀 곁을 지키며 성희롱 문제의 본질을 사회적으로 알리기 위해 끊임없이 노력했다. 1995년 7월 25일, 항소심에서 1심 판결이 뒤집혔을 때도 연대의 손길은 멈추지 않았다. 핵심 쟁점은 '성희롱의 기준을 어떻게 설정할 것인가'였다. 공대위는 성희롱 피해를 판단하는 기준으로 미국 법정에서 적용하는 '합리적 여성의 관점'을 도입해야 한다고 강하게 주장했다(〈성희롱 패소 여성계 분노〉,《한겨레》 1995년 7월 27일 자).

서울대 조교 성희롱 사건 공동대책위원회 기자회견.
* 출처:《경향신문》 1993년 10월 19일 자, 네이버 뉴스 라이브러리.

마침내 1998년 2월 10일, 대법원은 사건을 서울고등법원으로 파기환송했다. 대법원은 A교수의 행동이 단순한 농담이나 친밀감의 표현이 아니라, 상대에게 성적 굴욕감과 혐오감을 유발하는 명백한 인격권 침해임을 명확히 했다. 이 판결은 법적으로 성희롱 개념을 구체화하는 중요한 계기가 되었다.

1999년 6월 25일, 파기환송심에서 A교수에게 500만 원의 손해배상 지급이 명령되며 6년간의 법정투쟁이 끝을 맺었다. 서울대학교 총장과 국가의 책임이 인정되지 않은 점은 아쉬운 대목으로 남았다. 그러나 이 사건은 성희롱이 단순한 개인 간 문제가 아니라 사회구조적인 문제라는 인식을 확산시키는 중요한 계기가 되었다(《[여성의 삶을 바꾼 30대 사건] "성희롱은 범죄다" 여성 조교가 쏘아 올린 #미투〉, 《여성신문》 2018년 8월 31일 자).

한국성폭력상담소는 성희롱을 당했을 때 단호하게 싫다는 의사표시를 해야 하고, 요구가 받아들여지지 않으면 기록을 하라는 가이드라인을 제시했다. 가해자에게 편지를 쓰는 것도 한 방법이었다. 당시에는 성희롱, 성폭력과 관련된 사안을 처리할 부서나 기구가 대학과 같은 공공기관, 회사 내에 존재하지 않았기 때문이었다.

"성희롱? 대체 그게 뭐야?"

1993년, 그녀가 처음 소송을 제기했을 때 많은 이들이 던진 질문이었다. 정작 그녀 자신도 대자보를 붙이는 순간까지 성희롱에 대해 명확히 알지 못했다고 훗날 인터뷰에서 고백했다. 그 후로 6년 동안 싸움이 이어졌다. 긴 시간을 버티게 만든 힘은 같은 처지의 직장 여성들이 용기를 냈으면 하는 그녀의 바람이었다(〈"많은 피해 여성 힘내 싸우길" 고뇌 속 '스승과의 법정 싸움' 이긴 우 양〉,《경향신문》1994년 12월 19일 자).

'직장 내 성희롱'
처벌 명문화

1999년 2월, '남녀고용평등법'이 개정되며 '직장 내 성희롱' 개념이 명문화되었다. 최초로 성희롱이 법적으로 규정된 것이다. 또한 사업주가 직장 내 성희롱 예방교육을 의무적으로 실시해야 하고, 성희롱 가해자에 대한 부서 전환과 징계 조치를 취해야 하며, 피해 근로자에게 고용상의 불이익 조치를 취해서는 안 된다는 규정이 들어갔다.

10년 전 여성을 채용 공고에서부터 배제하는 일이 법적으로 금지되었고, 이제 직장 안에서의 성희롱이 법적으로 금지되었다(〈남녀고용평등법 미흡한 점 많다〉, 《동아일보》 1988년 3월

31일 자). 이제 좀 더 안전한 회사 문화가 조성되는 밑바탕이 만들어졌다. 다음 해인 2000년 여성 노조원 183명이 회사를 상대로 '성희롱에 관한 손해배상 청구소송'을 집단 제기한 롯데호텔 성희롱 사건도 서울대 A교수 사건이 있었기에 가능했다(《롯데호텔은 성희롱의 천국이었다》,《한겨레21》 2020년 5월 2일 자).

그녀가 대자보를 붙일 때 그것을 찢으려는 이들을 막아선 학생들, 대학본부와 학과의 외면 속에서도 먼저 진상조사단을 꾸렸던 학내 단체들, 끝없는 법정투쟁을 함께하며 곁을 지켰던 활동가들, 멀리서 연대의 목소리를 보내 온 시민들. 그들이 있었기에 단 한 장의 대자보가 시대를 움직일 수 있었다. 첫걸음은 어려웠지만, 여성들은 곧 달리기 시작했다. 그 후로 30년, 아직 달리기는 멈추지 않았다. 이렇게 달리다 보면 오늘날 우리들의 고민도 넘어설 수 있는 날이 올 것이다.

참고문헌

- 《경향신문》, 《동아일보》, 《매일경제》, 《여성신문》, 《조선일보》, 《한겨레》, 《한겨레21》.
- OO과 조교 성추행 사건 규명을 위한 진상조사단, 〈OO과 조교 성추행 문제 해결을 위한 진상조사 결과 1차 보고서〉, 1993.
- 교육통계서비스(https://kess.kedi.re.kr/index).
- 민경자, 《평등으로 가는 여정—성차별의 벽을 깬 여행원 인권 운동사》, 나녹, 2022.
- 원혜빈, 〈1980년대 '여학생'의 문화정치: 남녀공학 대학 여학생 교지를 중심으로〉, 성균관대학교 국어국문학과 석사학위 논문, 2019.

역사 속 여자, ○○하다 4

여자, 생존 전쟁을 치르다

2026년 3월 16일 1판 1쇄 인쇄
2026년 3월 19일 1판 1쇄 발행

지은이   이아리·권혁은
펴낸이   박혜숙
디자인   이보용 김진
펴낸곳   도서출판 푸른역사
           우) 03044 서울시 종로구 자하문로8길 13
           전화: 02)720-8921(편집부) 02)720-8920(영업부)
           팩스: 02)720-9887
           전자우편: 2013history@naver.com
           등록: 1997년 2월 14일 제13-483호

ⓒ 이아리·권혁은, 2026

ISBN 979-11-5612-327-9 04900
     979-11-5612-323-1 04900 (세트)